会社設立3年目までの 新版 税金の本

ひとり社長から
小さな会社まで
使える！

税理士
冨田健太郎
葛西安寿

自由国民社

はじめに

本書を手に取られたということは、起業して間もないか、これから起業しようと考えているということでしょうか。

法人を設立するということは、あなたにとって一世一代のイベントになるかもしれないので不安を感じることもあるでしょう。特に、税の知識があまりない人も多いのではないでしょうか。日本のビジネスパーソンは税に疎いといわれています。というのも、会社に所属している場合、年末調整によって納税が完結するため、自分で確定申告をすることはほとんどありません。税務に取り組む機会が限られているため、税への関心が薄くても仕方がないかもしれません。

ですが、会社を設立した以上、会社の税金はもちろん、従業員の税金まで面倒を見なければならないため、ある程度は知識を持っている必要があります。

そこで、本書では、会社設立前から設立後3年目までの税金や社会保険など、会社にまつわる税関係について、会社設立後6カ月の税務・労務、会社設立後1年目の税務、会社設立後2年目・3年目の税務、と順を追って解説していきます。なお、本書は2024年9月20日現在の法令等に基づき執筆しました。

はじめて税務について学ぶ人でも理解できるよう、なるべく専門用語を使わず、かつ、簡単な例を織り交ぜながら説明しているので、この一冊で税のしくみや流れを把握することができると自負しています。

特に気になるであろう会社の税金については、簡単なしくみを解説するとともに、すぐにでも実践できる節税策を採録しました。ここで紹介している節税策を施すことで、会社の税負担を相当額抑えることができるでしょう。

また、設立後、間もない時期は資金繰りに苦慮するケースが多々あると想定できるので、金融機関対策についても紹介しています。節税と借入を駆使することで、資金繰りに余裕を持たすことができるのではないでしょうか。

本書が貴社のスタートアップの礎となり、順風満帆な経営をされていくことを願ってやみません。

税理士　冨田　健太郎
税理士　葛西　安寿

目次

2章 会社設立後1年目でやる税務

3章 会社設立後2年目・3年目の税務

4章 税理士の見つけ方・付き合い方

5章 会社を軌道に乗せる資金繰り

6章 もし税務調査がきたら

序章

会社を
設立するときに
必要なこと

会社
設立時

税率が異なるのが法人と個人事業主の違い

法人も個人事業も、売上を上げ、稼いだ利益に対して税金を支払うというしくみは同じです。しかしながら、両者は次のような点で異なります。

責任の所在に注意する

法人の場合は、個人とは形態が異なるため、原則として倒産した際の責任はあくまで法人にあり、社長個人には及びません。よって、社長が個人保証や担保を提供していない限り、法人が負う借金の支払義務はありません。

しかし、個人事業の場合は、その責任を個人が負いますので、個人事業主に支払い義務が生じます。

●法人税か所得税か

法人が支払う税金は法人税、個人事業主が支払う税金は所得税となります。**法人税は基**

本的に23・2%の定率ですが、**所得税は利益が増えれば増えるほど税率も高くなる累進課税（5〜45%）**です。よって、個人事業の場合は、ある程度利益が出てくると税負担が重くなるため、法人へ移行する「法人成り」を検討する必要が出てきます。

●給与の考え方

法人の場合は、事業年度開始から一定期間内に事業年度の役員給与（役員個人の給与）を決定し、その決定のとおりに役員へ支給します。あらかじめ決定する理由は、決算間際の利益操作を防ぐためです。たとえば、役員給与を600万円に設定した場合、年度末に1000万円の利益(役員給与控除前)が出ても、設定した600万円のみが支払われます。

一方、個人事業の場合、事業主への給与の支給はありませんが、売上から経費を差し引いた利益（事業所得）が給与にあたる金額となります。先の例ですと、利益1000万円が事業主の給与となるのです。

●社会保険の加入

法人の場合は、社会保険への加入が義務付けられます。社長一人の会社であっても例外なく加入しなければなりません。

一方、個人事業の場合は、従業員が5人以上になると加入が義務付けられます（一定の業種を除く）。4人以下の場合の加入は任意です。

会社
設立時

信用力の高い株式会社が事業の展開には有利

株式会社および合同会社はいずれも法人です。よって、法人税の申告書を作成し、納税する必要があります。どちらを選んでも**申告上の手続きや納税額の違いはまったくありません**。異なってくるのは設立時の手続きや費用、対外的な信用です。

初期費用が安いのは合同会社

株式会社の場合は、ざっくりと次のような流れで設立します。

①称号や資本金などといった会社の概要を決定
②決定した①について定款を作成し、公証人の認証を受ける
③定めた資本金を金融機関へ払い込む
④登記を行う

発生する費用としては、

（ⅰ）定款へ貼付する印紙が４万円（電子定款の場合は不要）
（ⅱ）公証人へ支払う手数料が３～５万円
（ⅲ）登記の際の登録免許税が最低15万円

となり、**最低でも18万円はかかります。**

一方、合同会社の場合は、手続きとしては右記のうち②の公証人の認証は不要となります。費用面では、登記の際の登録免許税が最低６万円となりますので、電子定款をすると、印紙代ゼロ円、公証人手数料ゼロ円、登録免許税６万円の計６万円で設立可能となります。

事業を発展させたい場合は株式会社が有利

だいぶ認知はされてきましたが、株式会社に比べると合同会社の認知度は未だに低いのが現状です。株式会社でいうところの、株主や代表取締役は、合同会社では社員や代表社員という呼び方になります。単に耳慣れないだけですが、手間も少なく費用も安くできる合同会社の対外的な信用力は、株式会社に比べ、やや劣るかもしれません。

頻繁に名刺を交換し、**事業を大きく展開することを目的とするような場合は、「株式会社」**とするほうがよいかもしれません。

会社
設立時

会社の将来を左右する資本金の設定に注意

基本的に、**会社名は自由に決めることができます。**

ただし、決定した社名がすでに商標登録されている場合は、差し止め請求や損害賠償請求をされる恐れがあります。すでに商標登録されているか否か不安な場合は「特許情報プラットフォーム（※）」というサイトで検索してみるとよいでしょう。

資本金が少ないと銀行の審査が通らない可能性も

資本金も自由に決めることができます。こちらも一昔前までは、株式会社の場合、最低1000万円の資本金が必要でしたが、現在は**1円から設立できます。**

資本金が少ないことによるメリットは、簡単に会社を設立できるという点にあります。

一方、デメリットは信用力が低くなることです。資本金が大きければ大きいほど、その会社が資産をたくさん持っているということになります。よって、取引相手は取り損ねの不安がなく、安心して取引をしてくれます。

また、金融機関に融資をお願いするときも、純資産がマイナスの会社に対してなかなか審査が通りません。設立時の純資産は資本金そのものですので、資本金1円の会社で設立1期目が赤字の場合は、純資産がすでにマイナスと判断され、融資を受けるのがむずかしい状況になってしまいます。

決算日を閑散期に設定してミスを避ける

決算日も自由に決めることができます。いくつか考え方がありますが、消費税の免税期間を最大限延ばしたいのであれば、設立日から1年後を決算日にするという方法が考えられます。ほかの条件にもよりますが、この方法を採択した場合、**2年間消費税の免税事業者となることが可能**です。ただし、現在はインボイス制度が始まっているため、開業と同時にインボイス登録する場合は、消費税の免税期間はなくなります。

また、別の考え方としては、繁忙期を避けるという方法があります。決算時期と繁忙期が重なると、決算業務と通常の商売のどちらかが雑になり、思わぬミスが発生する可能性が高まります。ですので、決算日を閑散期に設定することで、決算業務に全力投球することができます。

※特許情報プラットフォーム
https://www.j-platpat.inpit.go.jp/web/all/top/BTmTopPage

会社
設立時

事業開始年度を調整して消費税の免税期間を長くする

法人を設立するメリットとして、「消費税の免税が受けられること」と考えている人が非常に多くいます。しかし、消費税の免税事業者になるためには、さまざまな判定をクリアしなければなりません。現在はインボイス制度が開始しているため、インボイス登録をしている法人には関係ありませんが、**小売業、飲食業などの対消費者用のビジネスを行い、当面インボイス登録を行わない法人**の場合は参考にしてください。

納税義務免除は1000万円がカギ

消費税の納税義務の判定は次のように行っていきます。

まず、基準期間における**課税売上高が1000万円以下の場合は免税事業者、1000万円超の場合は課税事業者**となります。基準期間とは、判定される事業年度の前々事業年度が該当するので、基準期間による納税義務の判定は基本的に第3期以降に行われます。

しかし、基準期間がない第1期および第2期は、無条件で免税事業者になれるわけではありません。特定期間における課税売上高が1000万円超の場合、課税事業者となってしまうのです。特定期間とは、判定される事業年度の前事業年度開始日から6カ月間を指します。つまり、第2期の免税判定を行う場合は、第1期の上半期6カ月間の課税売上高で判定されるのです。

なお、特定期間の場合、課税売上高ではなく給与等支払額が1000万円を超えるか否かで判定してもよいことになっています。特定期間の課税売上高が1000万円を超え、課税事業者になりそうなときは、課税売上高の代わりに給与等支払額で判定し、給与等支払額が1000万円以下の場合は、免税事業者となることができるのです。

それでは、基準期間も特定期間もない第1期こそ、無条件で免税事業者になれるのかというと、そうではありません。次のいずれかに該当する場合は、課税事業となります。

①事業年度開始日の資本金が1000万円以上の場合

②基準期間がない法人の、事業年度開始日における株数の50%超を直接または間接的に保有する株主がいて、その基準期間がない法人の基準期間に相当する期間における、その株主の課税売上高が5億円を超える場合

設立初年度を7カ月間にして免税期間を延ばす

このように、消費税の免税事業者になるのは、実は簡単ではありません。まずは、本当に免税事業者になれるのか否かを確認してみましょう。これから会社を設立する場合は、初年度の決算日を調整し、より長い免税期間を設定することも可能です。

まずは、資本金1000万円未満で会社を設立します。ここでポイントとなるのは、1期目の期間を何カ月にするかということです。一般的に考えられる1期目を12カ月として考えてみましょう。

4月1日設立であれば、期末は3月31日になります。そうすると、1期目は、基準期間なし、特定期間なし、資本金1000万円未満ですので、免税事業者となります。次に2期目ですが、基準期間なし、特定期間あり、資本金1000万未満ですので、特定期間次第で、課税事業者か免税事業者かが分かれます。つまり、**1期目の上半期6カ月間の課税売上高または給与等支払額のどちらかが1000万円以下であれば免税事業者となり、両方とも1000万円超であれば課税事業者となる**のです。

よって、会社設立時に、1期目の上半期6カ月間の課税売上高および給与等支払額がどのくらいになるかを考え、どちらかが1000万円以下になると考えられる場合には、1

設立初年度の設定目安

【1期目上半期の課税売上高または給与が1000万円以下と予想される場合】

事業開始日から12カ月間を事業開始年度にする → **免税期間が2年間に**

【1期目上半期の課税売上高および給与が1000万円超と予想される場合】

事業開始日から7カ月間を事業開始年度にする → **免税期間が1年7カ月間に**

期目を12カ月にすると免税期間は2年間になります。もし、両方とも1000万円超になる場合、1期目を12カ月にしてしまうと、免税期間は1年間のみになってしまいます。

しかし、少し技を使うと免税期間を長くすることができます。特定期間は、判定される事業年度の前事業年度開始日から6カ月間と説明しましたが、実は、**前事業年度が7カ月以下の場合、その前事業年度は特定期間に該当しない**のです。

ですので、4月1日に設立した法人の期末を10月31日に設定することで、2期目も免税事業者となるのです。つまりこの場合、消費税の免税期間は1年7カ月となります。

「株主総会」の事項がある定款を作成する

詳しくは198ページに記載していますが、本来、事業年度終了日の翌日から2カ月以内に提出しなければならない申告書の提出期限を1カ月伸ばすことができる制度があります。この制度を使うためには、申告期限延長の申請書を提出しなければなりませんが、申請書の添付書類として必要となるのが「定款」です。

定款とは、会社の「目的」「商号」「本店の所在地」「設立に際して出資される財産の価額又はその最低額」「発起人の氏名又は名称及び住所」などを定めたもので、〝会社の憲法〟のようなものといわれます。

この定款を単純に添付すれば、申告期限を延長できるというわけではありません。定款に、ある事項が盛り込まれているか否かがポイントとなります。

ある事項とは、**「株主総会の招集」**です。「株主総会の招集」には「定時株主総会は、毎事業年度の末日の翌日から3カ月以内に招集する」といった内容が記載されます。この事項があるため、定款を添付することで「(株主総会が事業年度末の翌日から3カ月以内に招集されるため) 申告期限を1カ月間延長したい」という申請が通るのです。

株式会社の場合、定款に「株主総会の招集」が記載されているはずなので、この事項の有無をあまり気にする必要はありません。もし、「3カ月以内」ではなく「2カ月以内」となっていれば延長の許可はおりないので、定款変更をしたうえで申請することになります。

合同会社は「決算確定」を追加する

気をつけなければならないのは、合同会社の場合です。合同会社において、株主総会にあたる総会は社員総会ですが、社員総会はその開催が義務づけられていません。

よって、一般的には「株主総会の招集」のような事項は合同会社の定款に記載されないケースが多いのです。そこで、**定款の「計算」という章のなかにある「決算確定」という事項で「毎事業年度末日の翌日から3カ月以内に決算を確定する」旨の文言を盛り込む必要があります。**

定款の作成は司法書士に頼むことが多いと思いますが、このことを伝えないと、3カ月以内というキーワードの出てこない定款になってしまうので、注意してください。

会社
設立時

会社設立時には定款の記載に注意する

法人を設立するにあたって、さまざまな手続きを行わなければなりませんが、大まかな流れは次のとおりです。

定款には「絶対的記載事項」を必ず記載する

①基本的事項の決定

発起人、商号、本店所在地、事業目的、資本金の額、決算期などをあらかじめ決めておきます。ここで決めたことが定款の内容となります。

②定款作成

定款とは、会社の組織活動について定めた規則のことです。定款には、絶対記載しなければならない「**絶対的記載事項**」と、記載しておかないとその効力が生じない「相対的記載事項」、必要に応じて記載する「任意的記載事項」からなります。「絶対的記載事項」の

払込証明書の作成例

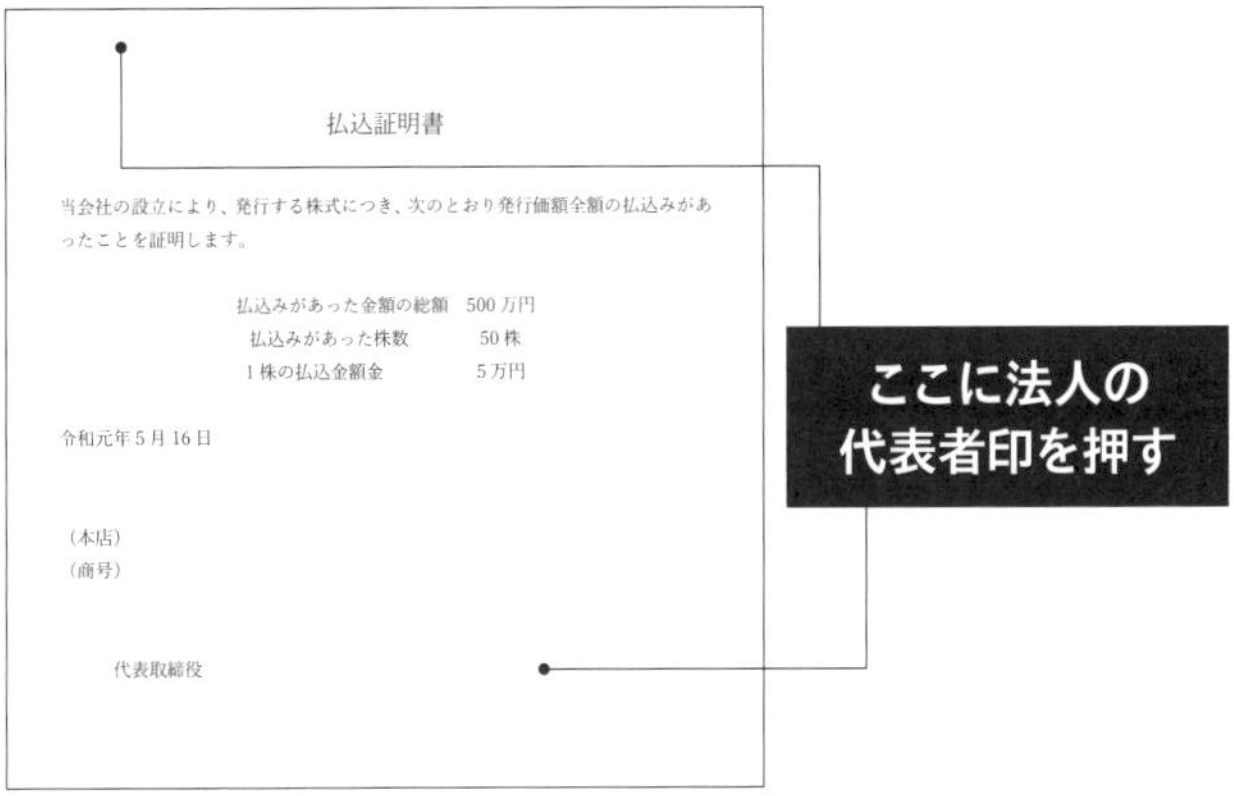

払込証明書

当会社の設立により、発行する株式につき、次のとおり発行価額全額の払込みがあったことを証明します。

払込みがあった金額の総額	500万円
払込みがあった株数	50株
1株の払込金額金	5万円

令和元年5月16日

（本店）
（商号）

代表取締役

記載がないと無効になります。

③定款認証

作成した定款は、公証役場にて**公証人の認証**を受ける必要があります（株式会社のみ）。なお、定款を紙で作成する場合は印紙を貼付する必要がありますが、電子文書で作成する場合、印紙は不要です。

④資本金払い込み

定款の認証を受けたら出資額を金融機関に払い込みます。ただし、この時点では、まだ法人は設立されていないため、発起人の個人口座へ振り込みます。振り込みが完了したら、通帳のコピーをとります。コピーを取るのは、通帳表紙、裏表紙、振り込みの事実がわかる部分のページです。

また、**払込証明書**を作成します。払込証明書には、払い込んだ株数と金額等を記載し、法人の代表社印を押印します。

⑤法務局へ登記申請

設立登記申請書に所定の事項を記入し、押印、登録免許税の印紙貼付のうえ、「定款」「取締役の印鑑証明書」「払込証明書」などを添付し、法務局へ提出します。

⑥税務署等へ各種届出書等提出

36ページ以降で説明している各種届出書等を税務署や年金事務所へ提出します。

各届出書はすべて保存する

設立後は、税務署などへの届け出にかかる添付書類である「登記事項証明書」や、法人の銀行口座開設時に必要となる「印鑑証明書」をすぐに取り寄せましょう。

また、設立時に発生した費用は、創立費となるので、費用の詳細がわかる資料も漏れなく取っておきましょう。そして、届け出の提出を確認するために、各種届出書は返信用封筒同封のうえ2部提出し、後日返送される1部を会社控えとして保管します。

会社
設立時

格安サービスは契約時の条件に注意する

いざ会社をつくろうと思っても、定款作成や登記などの手続きをどのように行えばよいか見当がつかないことが多いかもしれません。本来、定款作成や登記は、司法書士などの専門の士業にお願いすることが多いです。当然、プロへお願いするので報酬が発生します。

しかし、インターネットで検索すると「ゼロ円で会社設立」や「設立手数料ゼロ円」などと謳ったホームページがたくさん出てきます。このようなサービスでは、完全にゼロ円で会社をつくれるわけではありません。

会社設立に必要な資金は、登録免許税、定款認証代、印紙代など法定で定められた費用、司法書士などの報酬、資本金などからなりますが、**ホームページでよく目にする「ゼロ円」というのは司法書士報酬がゼロ円もしくは格安ということを指し、その他の費用は当然自分で負担することになります。**

税理士の顧問料をよく比較する

ではなぜ司法書士報酬を安くできるのかというと、その他の契約の条件としてグループ会社の税理士事務所との顧問契約などがあるからです。すなわち、フロント商品として設立手数料ゼロ円というサービスを打ち出すことで顧客を呼び込み、その後、ほかの契約を結んでもらうことで利益を得ようとしているのです。

これは悪いことではなく、まっとうな営業手法です。申し込む人が、どのような条件が付されているのかを把握し、「その条件込みでも、トータルでお得」と納得できるのであれば頼めばよいということになります。

税理士との顧問契約を条件にしている場合は、ほかの税理士の顧問料とよく比較してみましょう。会社設立時の報酬は最初の1回のみの支払いですが、税理士との顧問契約は会社が続く限り毎年支払う報酬になるため、結果的に支払額が高くなってしまうかもしれません。また、クラウド系の会計システム利用料の支払いを条件にしているようなサービスもありますが、システム利用料は税理士報酬ほど高くならないので、とりあえず安くサクッと会社をつくりたいという場合は、検討してもよいかもしれません。

会社
設立時

18万円用意すれば会社を設立できる

会社を設立するにあたり発生する費用は次のとおりです。

①設立そのものにかかる費用

登録免許税　株式会社の場合は最低15万円、合同会社の場合は最低6万円

印紙代　電子定款の場合はゼロ円、紙ベースの定款の場合は4万円

定款認証代　株式会社の場合は最低3万円、合同会社の場合は定款認証不要のためゼロ円

登記、定款認証をするための司法書士等の専門家報酬　代行業者を使う場合はゼロ円～5000円程度、そうでない場合は数万円程度

②資本金

14ページで説明しているように、最低1円から設立可能です。

③創立費、開業費

創立費は、その名のとおり創立のための費用です。すなわち、会社設立前に発生した費

用となります。よって、前述の「設立そのものに係る費用」も創立費ということになります。また、会社設立には、法人実印や法人名義の口座開設のための銀行印も必要となりますが、これらの費用も創立費になります。

一方、**開業費**とは、会社設立から実際に事業を稼働するまでに発生した特別な費用のことです。たとえば、オープンを知らせるポスターや名刺、備品などが該当します。

数カ月分の給与の用意も忘れずに

純粋に会社設立だけにかかる費用を一番安くしようとした際、株式会社の場合は、登録免許税15万円、定款認証代3万円、資本金1円、印鑑数千円の計18万円程度あれば会社をつくれてしまいます。合同会社の場合はさらに安く、登録免許税6万円、資本金1円、印鑑数千円の計6万円程度でつくれてしまうのです。

ただし、設立の費用だけあればよいかというと当然そうではありません。会社設立費用のほかに、内装・車両などの固定資産や、備品・消耗品など立ち上げにかかる資金はもちろん、**数カ月分の給料や、家賃などの毎月の運転資金も用意しておく必要があります**。計画をよく練って会社を設立することが大切になってきます。

会社
設立時

日々の経理業務は税理士に依頼して省力化する

会社設立そのものも大変ですが、設立後は税務署等への各種届出からはじまり、日々の仕訳の記帳、そして決算処理と、目まぐるしい事務作業が待っています。そうでなくても、開業後は売上が安定しないため、試行錯誤しながらの営業で手一杯になるところに、これらの作業が上乗せされると、マンパワーが足りない状況になるはずです。経理を担当する人を雇えればよいのですが、開業当初から人材を確保できるような会社は少ないでしょう。

経理業務を税理士にお願いする

そこで、最初に税理士を決めてしまうことをおすすめします。というのも、会社規模（売上、資本金、仕訳本数など）によりますが、税理士に税務顧問および記帳代行を頼んだ場合、月額数万円程度で記帳まで行ってもらえるからです。**経理を担当する人を雇うとなると、最低でも月給20万円程度は必要となるので、数万円でかつ経理よりも正確に処理して**

もらえる税理士にお願いするほうがお得なはずです。また、税理士によっては、初年度は割引を行っているところもあるので、さらにお得といえます。

たまに、自分一人でがんばる社長もいます。しかしながら、時間をかけてやってみたわりに処理を誤り、最終的に辻褄の合わない決算書を作成し、税務調査で追徴課税を受けるということはままあります。また、自分でやり始めたものの、最終的には税理士にお願いしなければならない状況になることも少なからずおこります。やはり、餅は餅屋というように、専門家にお願いするのが賢いやり方といえます。特に税理士の場合、ほかの士業と違い、日々の業務を処理してもらうので、必要不可欠なパートナーといえます。

専門外のことも税理士に相談を

これを税理士に聞いてよいのかわからない、というような相談もとりあえずしてみてください。会社を運営していくうえでの悩みは大体どの経営者も同じですので、税理士はこれらの悩みを解決するための人脈やパイプも持っています。

資金繰りが苦しく融資を受けたいがいい金融機関はないか、揉めごとが起こってしまい裁判するので弁護士を紹介してほしい、また、本書のテーマである会社設立したいがどうしたらよいかなど、専門外のことでも適切な解決法を提示してくれるはずです。

会社
設立時

必要な士業を見極めてコストを削減する

30ページで「餅は餅屋」といいましたが、これは間違いなくそのとおりです。何ごとも専門家へ頼むほうがスムーズに事が運びます。しかし、専門家へ頼むということはそれだけコストもかかるということです。資金が潤沢にあって会社設立できる人はごく稀で、通常、開業当初は資金に余裕がないことが多いでしょう。よって、いくら「餅は餅屋」といっても、抑えることができる出費であればなるべく自社内で完結させたいところです。

些細な疑問が生じる税務は税理士に委託

一般に会社設立及び設立後にかかわる可能性のある士業は、次になります。

税理士　税務相談、記帳代行、申告書作成
司法書士　会社設立などの登記関係
社会保険労務士　給与計算、雇用関係の諸手続き

弁護士　法律相談・訴訟関係

　これらのうち、税理士は早めに契約したほうがよいと説明しました。というのも、税理士にお願いする仕事は、日々の業務に密接に絡むからです。たとえば、「この支払の勘定科目は何にしたらよいのだろう？」「この取引の仕訳はどうしたらよいのだろう？」などといった日々の些細な疑問は、そのほとんどが税理士に聞くべきこととなります。ですので、社内で解決しない悩みがあるのであれば、税理士と契約したほうがよいです。

給与計算はソフトでの対応も可

　一方、それ以外の士業でいうと、司法書士は大体の場合は、設立時のみの一時的な依頼となります。設立については、25ページで説明したとおり、代行業者へ依頼すると手数料無料もしくは格安でやってくれるので、その後の条件等も含めての検討にはなりますが、安く依頼することもできます。社会保険労務士も、顧問がいたほうがよいのですが、社会保険や労働保険の加入の手続きのみを一時的にお願いするようなこともできます。

　給与計算は、そもそも従業員が何十人もいるような会社は資金がそこそこあるはずなので、社会保険労務士と顧問契約すればよいですし、そうでない小規模な会社の場合は市販の給与計算ソフトで十分対応可能です。

会社設立時

意外と開設するのがむずかしい銀行口座

会社を設立したら、**法人名義の銀行口座**を開設します。社長の個人口座で取引してもいいのではという人もいるかもしれませんが、実際はむずかしいです。つまり、取引相手は、○○社と契約を結び、その契約に従って振込を行います。契約書では○○社となっているのに振込先が個人だとその個人が横領しているのではないかと非常に怪しまれ、取引してくれません。

そこで、法人口座の開設方法ですが、意外とむずかしかったりするので説明していきます。まず、法人口座開設のために必要なものは次のようなものです。

①会社謄本（履歴事項全部証明書）
②定款
③会社印
④代表者実印

⑤代表者の印鑑証明書
⑥代表者の身分証明書
⑦会社の業務内容確認資料

注意が必要な業務内容の確認資料

①〜⑦は必ずしもこれら全部が必要というわけでなく、金融機関によってさまざまです。注意しないといけないのが、⑦「**会社の業務内容確認資料**」です。

ジャパンネット銀行や楽天銀行などのインターネット専用銀行は、これの確認をホームページの有無で確認します。ホームページがないという理由で開設できないケースが結構あるので、**簡単なホームページでもよいので作成するようにしたい**ものです。

ホームページがない場合は、代わりに、法人設立届出書、本店事務所の賃貸借契約書、紙ベースの会社案内（取り扱い商品やサービスの内容や価格が記載されているもの）、取引相手との売買契約書、業務委託契約書などを提出する必要があります。

会社設立の手続きを法務局で行ったら、金融機関でも何の問題もなく法人口座の開設をできると思いがちですが、思わぬところで足元をすくわれることがあるので注意してください。

1

会社設立後

6カ月でやる税務・労務

会社設立後
6カ月

法人を設立したら期限内に各届出書を提出する

法人を設立した際、税務署、都道府県税事務所、市区町村へ各種届出書を一定期間内に提出しなければなりません。

書類提出は税理士に依頼するのがおすすめ

一定期間内というのが特に重要で、届出書ごとに提出期限が異なります。**期限を過ぎると届出の効力が発生しないので、多大な損害を被る可能性があります。**第4章でも紹介していますが、税理士へ依頼すると、必要な届出書を期限までに間違いなく提出して貰えるので安心です。

なお、実際のところ届出書には非常に多くの種類がありますが、本書ではこれは外せないという代表的なものを記載しています。提出が必要な届出書と、その提出場所などを一覧にしたので、ざっと目を通し、参照ページで詳細を確認してください。

各種届出書の種類一覧

届出書の名称	提出先	提出期限(*)	参照ページ
法人設立届出書	税務署	法人設立の日から2カ月以内	38ページ
青色申告の承認申請書	税務署設立の日から3カ月以内		40ページ
給与支払事務所の開設届出書	税務署	開設日から1カ月以内	42ページ
源泉所得税の納期の特例の承認に関する申請書	税務署	なし	44ページ
定款の定め等による申告期限の延長の特例の申請書	税務署	最初に適用を受けようとする事業年度終了の日まで	46ページ
消費税申告期限延長届出書	税務署	最初に適用を受けようとする事業年度終了の日まで	48ページ
適確請求者発行事業者の登録申請書	税務署	申請後税務署が登録した日から効力発生。その他特例あり	52ページ
法人設立届出書	都道府県税事務所・市町村	2カ月以内(都道府県にて異なる)	38ページ
申告書の提出期限の延長の処分等の届出書・承認申請書	都道府県税事務所・市町村	延長の処分があった日の属する事業年度終了の日から22日以内	48ページ

※一般的な期限。詳細は参照ページで確認してください

会社設立後
6カ月

設立から2カ月以内に法人設立届出書を提出する

法人設立届出書とは、設立した会社の概要を税務署に通知するための書類です。これを提出することで、申告書・その他税務署等から書類が届くようになります。

提出先　所轄税務署
提出期限　法人設立の日（設立登記の日）以後2カ月以内
添付書類　定款の写し
提出部数　1部（資本金1億円以上の法人は2部）
各記載事項　定款と登記事項証明書を見ながら記載します。

設立の形態は、個人事業から法人成りした場合は1番へ○印。新規に法人を設立した場合は5番「その他」へ○印を付し、新設法人と記載します。

なお、都道府県税事務所・市区町村へも同様に1部提出が必要ですが、提出期限は都道府県税事務所・市区町村で異なるので、ホームページ等で確認してください。

法人設立届出書の記入例

法人設立届出書

※整理番号	

税務署受付印

令和　年　月　日	本店又は主たる事務所の所在地	〒 電話(　　)　　―
	納税地	〒
	(フリガナ)	
	法人名	
税務署長殿	法人番号	
新たに内国法人を設立したので届け出ます。	(フリガナ)	
	代表者氏名	
	代表者住所	〒 電話(　　)　　―

設立年月日	令和　年　月　日	事業年度	(自)　月　日 (至)　月　日
設立時の資本金又は出資金の額	円	消費税の新設法人に該当することとなった事業年度開始の日	令和　年　月　日

事業の目的	(定款等に記載しているもの) (現に営んでいる又は営む予定のもの)	支店・出張所・工場等	名称	所在地

設立の形態	1 個人企業を法人組織とした法人である場合(　　　税務署)(整理番号：　　　) 2 合併により設立した法人である場合 3 新設分割により設立した法人である場合（□分割型・□分社型・□その他） 4 現物出資により設立した法人である場合 5 その他(　　　)

設立の形態が2～4である場合の適格区分		適格・その他	添付書類	① 定款等の写し 2 その他 (　　　)
事業開始（見込み）年月日		令和　年　月　日		
「給与支払事務所等の開設届出書」提出の有無		有・無		
関与税理士	氏名			
	事務所所在地	電話(　　)　　―		

税理士署名	

※税務署処理欄	部門		決算期		業種番号		番号

(規格A4)

03.06 改正

会社設立後
6カ月

特典を受けるため青色申告の承認申請書を提出

青色申告の承認申請書とは、各種特典を受けるために必要な書類です。詳細は、170ページで記載しているので、併せて確認してください。

提出先　所轄税務署

提出期限　設立の日以後3カ月を経過した日、もしくは設立日の属する事業年度終了日のうち、いずれか早い日の前日

提出部数　1部（資本金1億円以上などの調査課所管法人は2部）

各記載事項　1の該当箇所のチェック

2（1）帳簿組織の状況

2（2）特別な記帳方法の採用の有無

青色申告の承認申請書の記入例

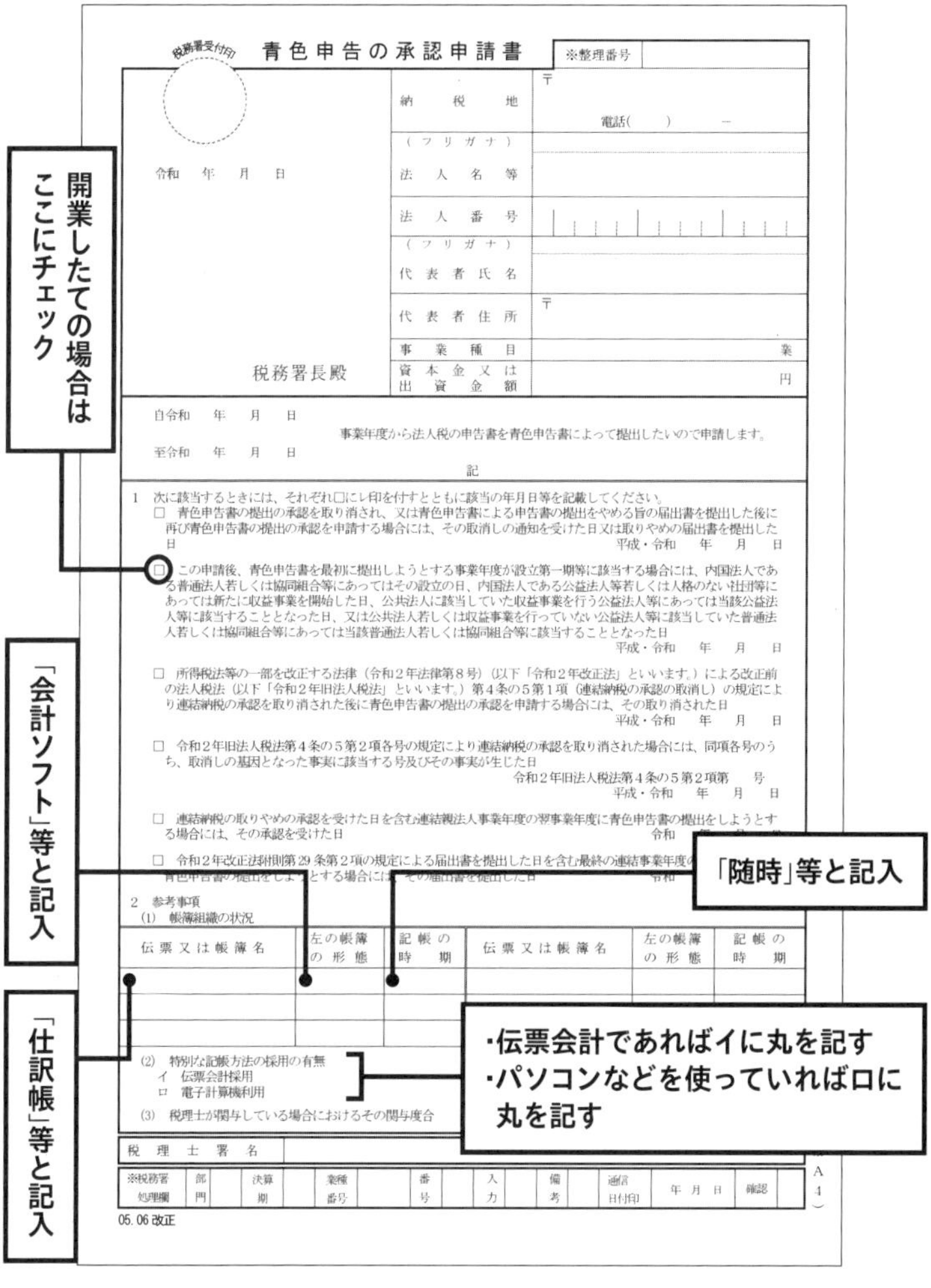

税務署受付印

青色申告の承認申請書　※整理番号

令和　年　月　日

税務署長殿

納税地	〒 電話(　　)　　−
(フリガナ)	
法人名等	
法人番号	
(フリガナ)	
代表者氏名	
代表者住所	〒
事業種目	業
資本金又は出資金額	円

自令和　年　月　日
至令和　年　月　日
事業年度から法人税の申告書を青色申告書によって提出したいので申請します。

記

1　次に該当するときには、それぞれ□にレ印を付すとともに該当の年月日等を記載してください。

□　青色申告書の提出の承認を取り消され、又は青色申告書による申告書の提出をやめる旨の届出書を提出した後に再び青色申告書の提出の承認を申請する場合には、その取消しの通知を受けた日又は取りやめの届出書を提出した日　平成・令和　年　月　日

□　この申請後、青色申告書を最初に提出しようとする事業年度が設立第一期等に該当する場合には、内国法人である普通法人若しくは協同組合等にあってはその設立の日、内国法人である公益法人等若しくは人格のない社団等にあっては新たに収益事業を開始した日、公共法人に該当していた収益事業を行う公益法人等にあっては当該公益法人等に該当することとなった日、又は公共法人若しくは収益事業を行っていない公益法人等に該当していた普通法人若しくは協同組合等にあっては当該普通法人若しくは協同組合等に該当することとなった日　平成・令和　年　月　日

□　所得税法等の一部を改正する法律（令和2年法律第8号）（以下「令和2年改正法」といいます。）による改正前の法人税法（以下「令和2年旧法人税法」といいます。）第4条の5第1項（連結納税の承認の取消し）の規定により連結納税の承認を取り消された後に青色申告書の提出の承認を申請する場合には、その取り消された日　平成・令和　年　月　日

□　令和2年旧法人税法第4条の5第2項各号の規定により連結納税の承認を取り消された場合には、同項各号のうち、取消しの基因となった事実に該当する号及びその事実が生じた日　令和2年旧法人税法第4条の5第2項第　号　平成・令和　年　月　日

□　連結納税の取りやめの承認を受けた日を含む連結親法人事業年度の翌事業年度に青色申告書の提出をしようとする場合には、その承認を受けた日　令和　年　月　日

□　令和2年改正法附則第29条第2項の規定による届出書を提出した日を含む最終の連結事業年度の翌事業年度に青色申告書の提出をしようとする場合には、その届出書を提出した日　令和　年　月　日

2　参考事項
(1)　帳簿組織の状況

伝票又は帳簿名	左の帳簿の形態	記帳の時期	伝票又は帳簿名	左の帳簿の形態	記帳の時期

(2)　特別な記帳方法の採用の有無
イ　伝票会計採用
ロ　電子計算機利用

(3)　税理士が関与している場合におけるその関与度合

税理士署名	

※税務署処理欄	部門		決算期		業種番号		番号		入力		備考		通信日付印	年　月　日	確認

05.06 改正

（A4）

給与の支払いを始めたら届出書を提出する

61ページで説明していますが、給与を支払う場合、**給与から源泉所得税等を天引き**します。天引きした源泉所得税等は納付する必要がありますが、「**給与支払事務所等の開設・移転・廃止届出書**」を提出することで、定期的に税務署から納付書が送付されるようになります。

提出先　所轄税務署
提出期限　給与支払事務所開設の事実があった日から1カ月以内
提出部数　1部
各記載事項　届出の内容及び理由：開業又は法人の設立へチェックをいれます。もし、開業と同時に支店も設立し、支店で給与支払事務を行う場合は、上記以外へチェックをいれ、支店情報を記載します。
従事員数　人数を記載します。

給与支払事務所等の開設・移転・廃止届出書の記入例

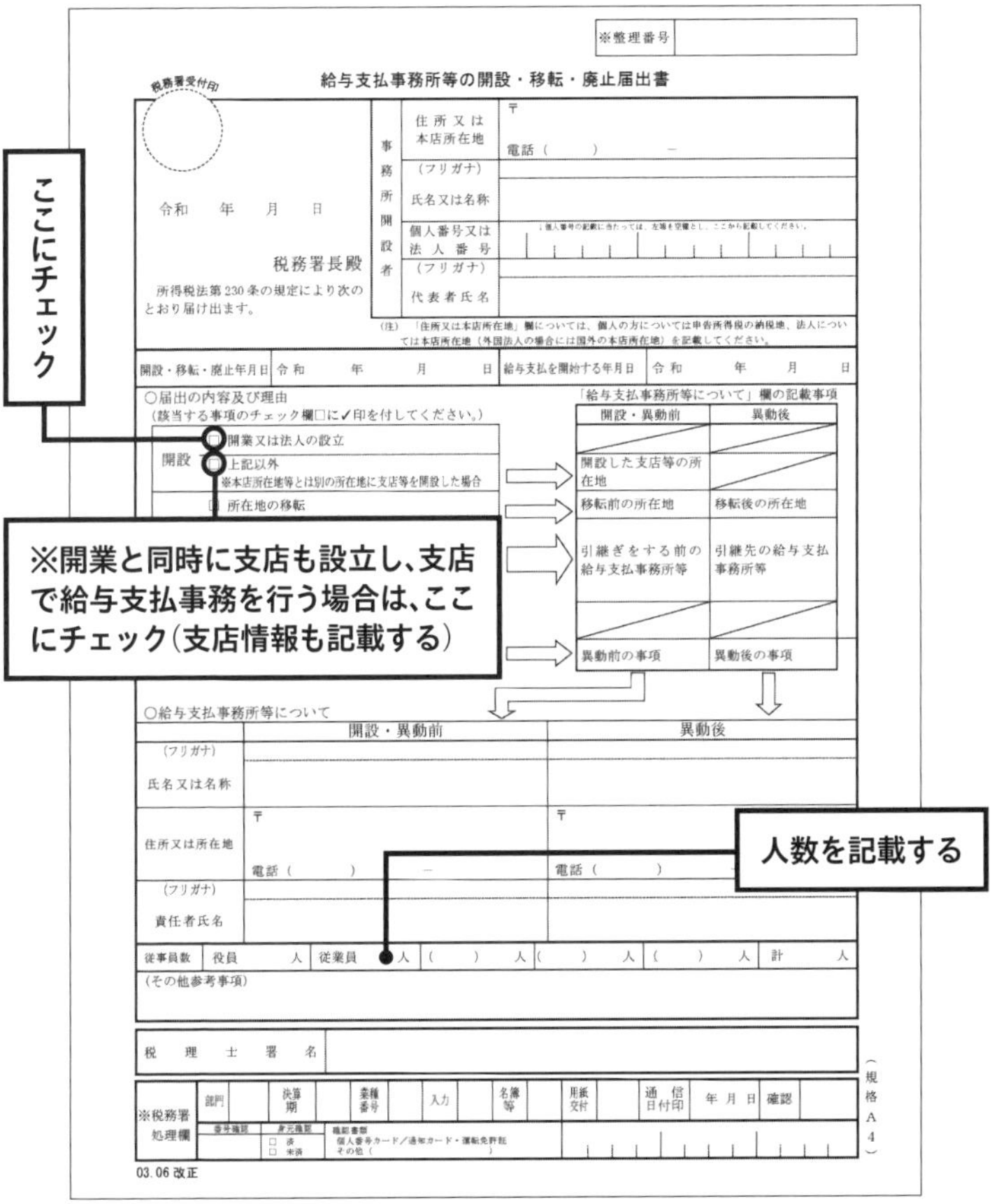
※整理番号

給与支払事務所等の開設・移転・廃止届出書

税務署受付印

令和　年　月　日

税務署長殿

所得税法第230条の規定により次のとおり届け出ます。

事務所開設者

住所又は本店所在地　〒　電話（　）　－

（フリガナ）

氏名又は名称

個人番号又は法人番号

（フリガナ）

代表者氏名

（注）「住所又は本店所在地」欄については、個人の方については申告所得税の納税地、法人については本店所在地（外国法人の場合には国外の本店所在地）を記載してください。

開設・移転・廃止年月日　令和　年　月　日　給与支払を開始する年月日　令和　年　月　日

○届出の内容及び理由

（該当する事項のチェック欄□に✓印を付してください。）

開設　□開業又は法人の設立

□上記以外

※本店所在地等とは別の所在地に支店等を開設した場合

□所在地の移転

「給与支払事務所等について」欄の記載事項

開設・異動前	異動後
開設した支店等の所在地	
移転前の所在地	移転後の所在地
引継ぎをする前の給与支払事務所等	引継先の給与支払事務所等
異動前の事項	異動後の事項

○給与支払事務所等について

	開設・異動前	異動後
（フリガナ）		
氏名又は名称		
住所又は所在地	〒　電話（　）　－	〒　電話（　）
（フリガナ）		
責任者氏名		

従事員数　役員　人　従業員　人（　）人（　）人（　）人　計　人

（その他参考事項）

税理士署名

※税務署処理欄　部門　決算期　業種番号　入力　名簿等　用紙交付　通信日付印　年月日　確認

番号確認　身元確認　□済　□未済　確認書類　個人番号カード／通知カード・運転免許証　その他（　）

03.06 改正

（規格A4）

! 事務所を開設してから1カ月以内に提出する

会社設立後
6カ月

社員が10人未満の場合は源泉所得税の申請書を提出

給与の支給人員が常時10人未満の場合、**「源泉所得税の納期の特例に関する申請書」**を提出することで、毎月納付する義務のある源泉所得税等を、半年分まとめて納めることができるようになります。ここでは書類の書き方について説明しますが、源泉所得税、源泉徴収に関しては、61ページで詳しく解説します。

提出先　所轄税務署

提出期限　特にありませんが、提出をした月の翌月分から効力が発生します。

提出部数　1部

各記載事項　開業したての場合は、過去の給与の支払いの実績がないので、申請書上部の税務署名、会社住所、法人名、法人番号、代表者氏名を記載するのみとなります。

注意点　給与の支給人員が常時10人未満でなくなった場合には、**「源泉所得税の納期の特例の要件に該当しなくなったことの届出書」**を提出する必要があります。

源泉所得税の納期の特例に関する申請書の記入例

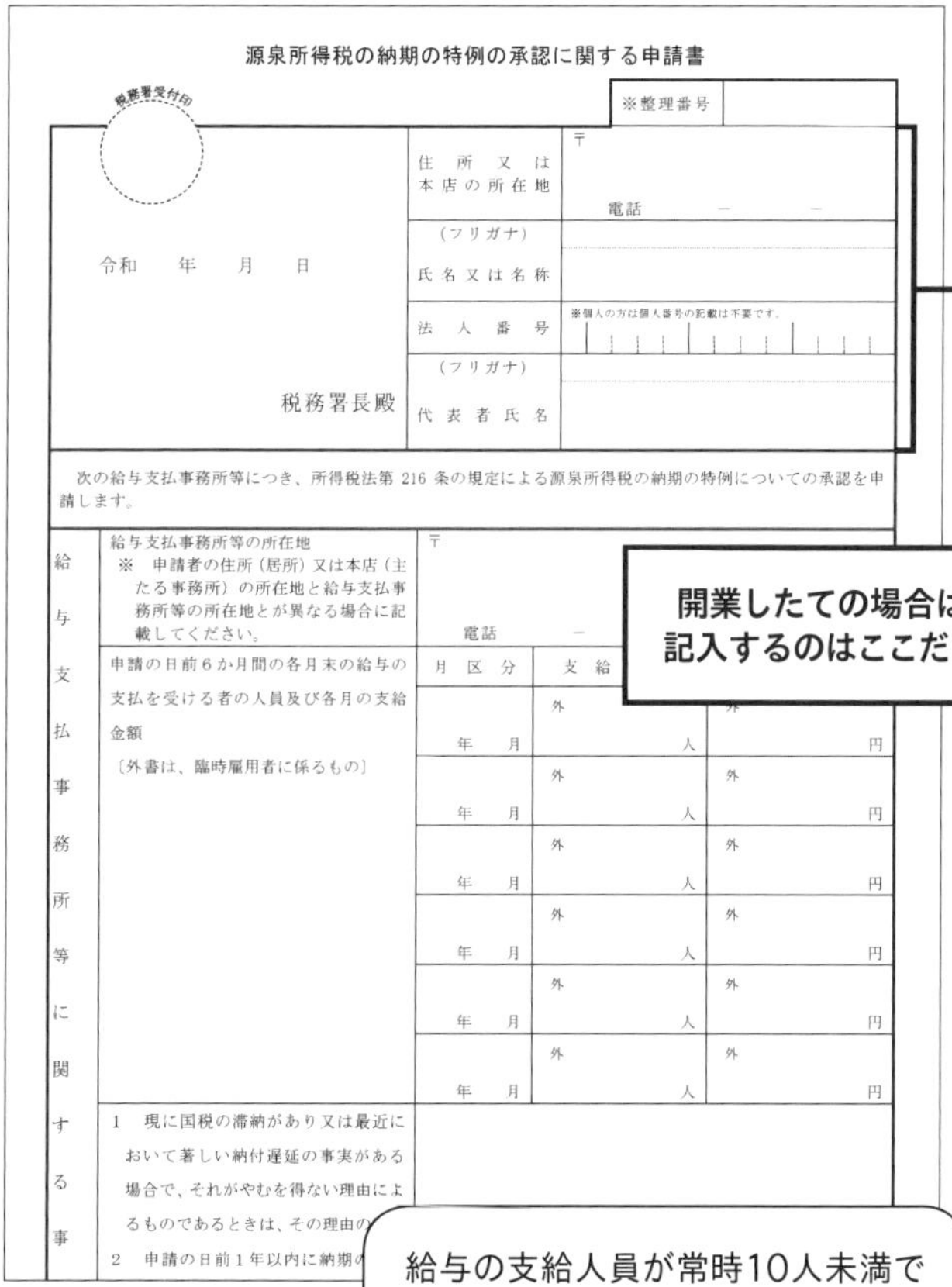

源泉所得税の納期の特例の承認に関する申請書

※整理番号	

税務署受付印

令和　年　月　日

税務署長殿

住所又は本店の所在地	〒 電話　－　－
(フリガナ)	
氏名又は名称	
法人番号	※個人の方は個人番号の記載は不要です。
(フリガナ)	
代表者氏名	

次の給与支払事務所等につき、所得税法第 216 条の規定による源泉所得税の納期の特例についての承認を申請します。

給与支払事務所等に関する事	給与支払事務所等の所在地 ※ 申請者の住所（居所）又は本店（主たる事務所）の所在地と給与支払事務所等の所在地とが異なる場合に記載してください。	〒 電話　－		
	申請の日前６か月間の各月末の給与の支払を受ける者の人員及び各月の支給金額 〔外書は、臨時雇用者に係るもの〕	月区分	支給	
		年　月	外　人	外　円
		年　月	外　人	外　円
		年　月	外　人	外　円
		年　月	外　人	外　円
		年　月	外　人	外　円
		年　月	外　人	外　円
	1　現に国税の滞納があり又は最近において著しい納付遅延の事実がある場合で、それがやむを得ない理由によるものであるときは、その理由の			
	2　申請の日前１年以内に納期の			

開業したての場合は
記入するのはここだけ

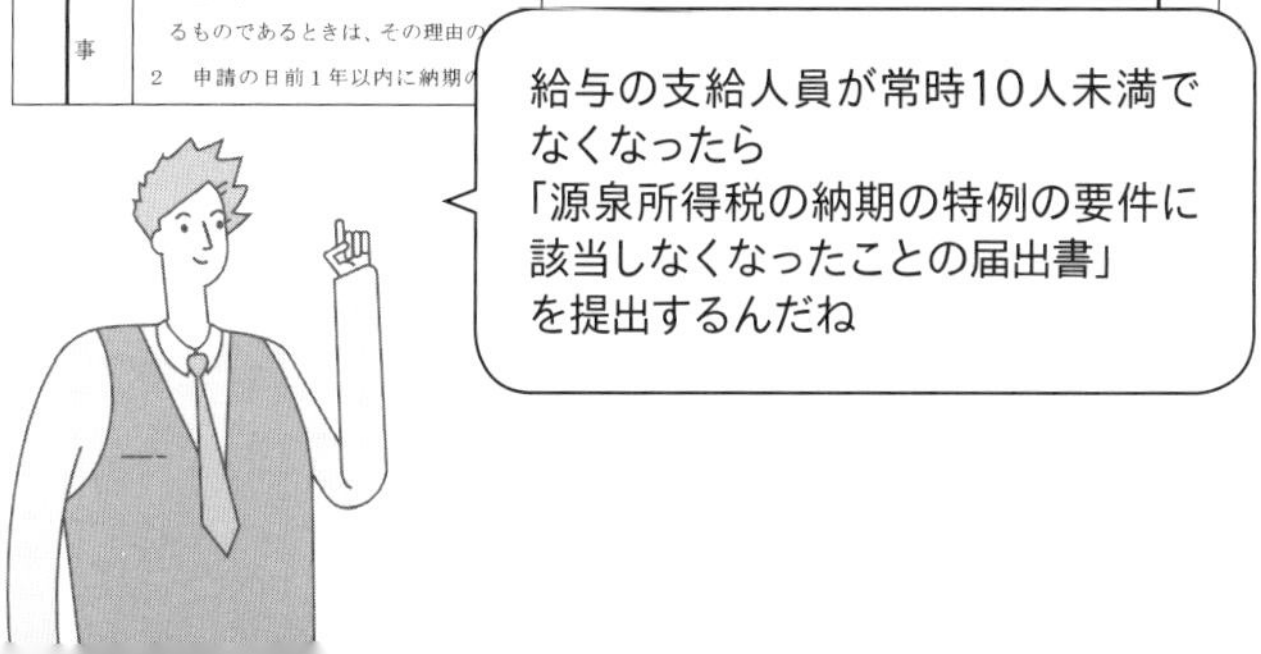
給与の支給人員が常時10人未満でなくなったら「源泉所得税の納期の特例の要件に該当しなくなったことの届出書」を提出するんだね

会社設立後
6カ月

申請書を提出して申告期限を延長する

申告書は原則として、事業年度終了日の翌日から2カ月以内に提出する必要があります。ただし、一定の申請書を提出することで申告期限を1カ月間延長できます。

〈法人税〉

書類名　定款の定め等による申告期限の延長の特例の申請書

提出先　所轄税務署

提出期限　最初に適用を受けようとする事業年度終了日まで

提出部数　定款の写しを添付したものを1部（調査課所管法人は2部）

各記載事項　申告期限延長期間　（1）の「申告期限を1カ月延長したい場合」にチェックする

延長の理由　「定款により事業年度終了日の翌日から3カ月以内に株主総会を開催するため」と記載

申告期限の延長の特例の申請書の記入例

定款の定め等による申告期限の延長の特例の申請書

※整理番号	
※通算グループ整理番号	

税務署受付印

令和　年　月　日

税務署長殿

提出区分		
	納税地	〒 電話(　　)　－
□ 通算親法人が提出する場合	(フリガナ)	
	法人名等	
	法人番号	
	(フリガナ)	
	代表者氏名	
	代表者住所	〒
	事業種目	業

定款、寄附行為、規則、規約その他これらに準ずるものの定めにより、若しくは特別の事情があることにより、当該事業年度以後の各事業年度終了の日の翌日から２月以内に当該各事業年度の決算についての定時総会が招集されない常況にあり、又は通算法人が多数に上ることその他これに類する理由により損益通算等による所得の金額若しくは欠損金額及び法人税の額の計算を了することができないことにより、今後、各事業年度終了の日の翌日から２月以内に法人税の確定申告書を提出できない常況にあるため、

自令和　年　月　日

至令和　年　月　日

事業年度の所得に対する法人税の確定申告書から、適用の取りやめをするまで提出期限の延長をし、延長月数の指定若しくは指定の取消しを受け又は延長月数の変更をしたいので申請します。

記

申告期限延長期間

(1) 申告期限が延長されていない法人

□ 申告期限を１月（通算法人にあっては、２月）延長したい場合

□ 申告期限の延長及び２月（通算法人にあっては、３月）以上の延長月数の指定を受けたい場合　その月数（　）

(2) 申告期限が１月（通算法人にあっては、２月）延長されている法人

□ ２月（通算法人にあっては、３月）以上の延長月数の指定を受けたい場合　その月数（　）

(3) ２月（通算法人にあっては、３月）以上の延長月数の指定を受けている法人

□ 延長月数の指定の取消しを受け、１月（通算法人にあっては、２月）延長としたい場合　取消し前の月数（　）

□ ２月（通算法人にあっては、３月）以上の範囲内で延長月数の指定を受けている月数を変更したい場合　変更前の月数（　）　変更後の月数（　）

各事業年度終了の日の翌日から２月以内（延長月数の指定を受けようとする場合には各事業年度終了の日の翌日から３月以内又は通算法人の事業年度終了の日の翌日から４月以内）に各事業年度の決算についての定時総会が招集されない、又は通算法人が多数に上ることその他これに類する理由により損益通算等による所得の金額若しくは欠損金額及び法人税の額の計算を了することができない理由

根拠条文

□ 法人税法第75条の２第１項柱書（同条第11項第１号の規定により読み替えて適用する場合及び同法第144条の8において準用する場合を含む。）

□ 法人税法第75条の２第１項第１号（同条第11項第１号の規定により読み替えて適用する場合及び同法第144条の8において準用する場合を含む。）

□ 法人税法第75条の２第１項第２号（同条第11項第１号の規定により読み替えて適用する場合及び同法第144条の8において準用する場合を含む。）

□ 法人税法第75条の２第２項（同条第11項第１号の規定により読み替えて適用する場合及び同法第144条の8において準用する場合を含む。）

その他参考となるべき事項

税理

※税務署処理欄

04.06 改正

ここにチェック

定款により事業年度終了日の翌日から3カ月以内に株主総会を開催するためと記入

延長の許可がおりたら「申告書の提出期限の延長の処分等の届出書・承認申請書」を22日以内に提出する

〈消費税〉

書類名　消費税申告期限延長届出書

提出期限　最初に適用を受けようとする事業年度終了日まで

提出部数　定款の写しを添付したものを1部（調査課所管法人は2部）

〈都道府県税事務所および市町村〉

税務署提出後かつ延長の処分があった日の属する事業年度終了日から22日以内に、「**申告書の提出期限の延長の処分等の届出書・承認申請書**」を提出する必要があります。

必要に応じて提出する申告書

ここまでさまざまな申請書の書き方を解説してきましたが、届出書および申請書はこのほかにもたくさん存在します。一部ですが次のようのものもあるので、必要に応じて提出してください。

- 棚卸資産の評価方法の届出書
- 棚卸資産の特別な評価方法の承認申請書
- 有価証券の一単位当たりの帳簿価額の算出方法の届出書

- 減価償却資産の償却方法の届出書
- 特別な償却方法の承認申請書
- 特別な償却率の認定申請書
- 耐用年数の短縮の承認申請書
- 消費税簡易課税制度選択届出書
- 消費税課税事業者選択届出書
- 適確請求者発行事業者の登録申請書

会社設立後
6カ月

法人成りをしたら廃業手続きを行う

一口に法人設立といっても、その形態はさまざまです。一般的には、脱サラして法人を設立するイメージが湧くかもしれませんが、**個人事業主がやっている事業内容をそのまま法人組織へ変更するパターンも多いです。これを法人成りといいます。**

法人成りをした場合は、38〜49ページの法人設立に関する諸々の届出書の提出と同時に、個人事業の廃止に関する届け出も必要となります。ついつい新設した法人のほうにばかり気をとられ、個人事業の廃業手続きが疎かになりがちですので、忘れないように注意しましょう。

廃業手続きに必要な手続き

個人事業の廃業手続きに必要な書類および手続きは、次のとおりです。

①個人事業の廃業等届出書を提出

その名のとおり、個人事業を廃業した旨の届出書です。これを廃業日から1カ月以内に所轄税務署へ提出します。また、都道府県税事務所へも廃業届を提出します。

②所得税の青色申告の取りやめ届出書を提出

青色申告の承認を受けていた個人事業主が、青色申告書による申告を取りやめるための届出書です。この届出書は、青色申告を取りやめる年の翌年3月15日までに、所轄税務署へ提出します。

③事業廃止届出書を提出

消費税の課税事業者であった個人事業主が、個人事業を廃止した場合に提出が必要な書類です。この届出書は、事業を廃止した場合、速やかに所轄税務署長へ提出します。

④所得税及び復興特別所得税の予定納税額の減額申請書を提出

個人事業を廃業した年の所得が多い場合は、廃業年の翌年に予定納税義務が発生する可能性があります。そのような場合にこの申請書を提出すると、予定納税が減額または免除になります。予定納税は1期、2期と2回ありますが、両期とも申請する場合は7月1日～15日、2期のみ申請する場合は、11月1日～15日に所轄税務署へ申請します。

会社設立後
6カ月

適格請求書発行事業者の登録する

2023年10月1日からいわゆるインボイス制度が開始しています。これに伴い、適格請求書発行事業者の登録をしようとする場合は「**適格請求書発行事業者の登録申請書**」の提出が必要になります。

提出先　税務署

提出期限　随時。ただし、新設法人が設立と同時に適用を受けようとする場合は、その課税期間の末日までに提出。また、免税事業者が課税事業者となる場合で、課税事業者となる課税期間の初日から適用を受けようとする場合は、当該課税期間の初日から起算して15日前までに提出。

留意事項　免税事業者が登録を受けようとする場合は、原則として「消費税課税事業者選択届出書」を提出し課税事業者となる必要あり。

適格請求書発行事業者の登録申請書」（初葉）の記載例

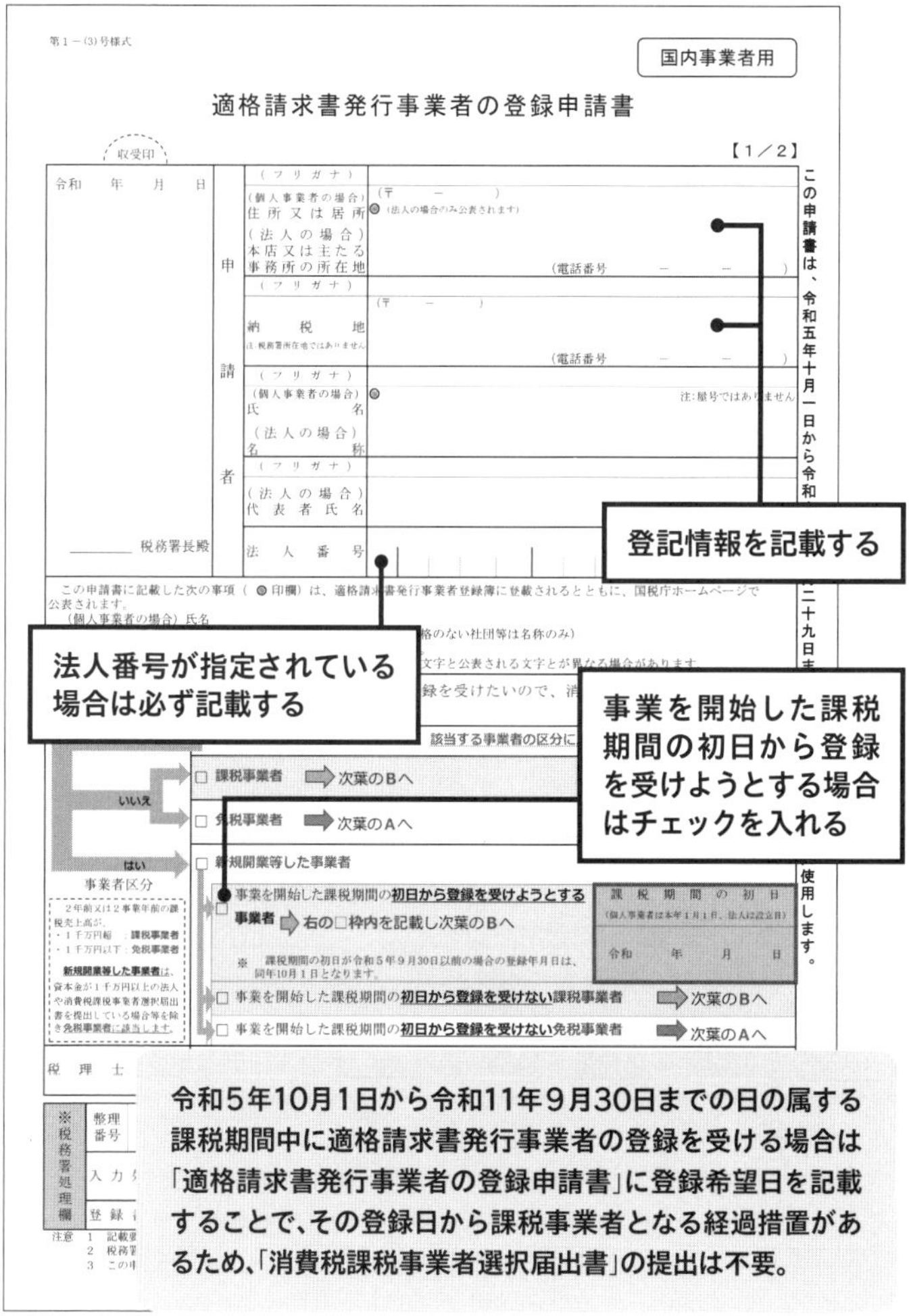
第１－(3)号様式

国内事業者用

適格請求書発行事業者の登録申請書

収受印

【1／2】

令和　年　月　日

申請者

（フリガナ）

（個人事業者の場合）住所又は居所

（法人の場合）本店又は主たる事務所の所在地

（〒　－　）

（法人の場合のみ公表されます）

（電話番号　－　－　）

（フリガナ）

納税地

（〒　－　）

（電話番号　－　－　）

（フリガナ）

（個人事業者の場合）氏名

（法人の場合）名称

注：屋号ではありません

（フリガナ）

（法人の場合）代表者氏名

法人番号

税務署長殿

この申請書に記載した次の事項（◎印欄）は、適格請求書発行事業者登録簿に登載されるとともに、国税庁ホームページで公表されます。

（個人事業者の場合）氏名

格のない社団等は名称のみ）

文字と公表される文字とが異なる場合があります。

録を受けたいので、消

該当する事業者の区分に

いいえ

はい

事業者区分

２年前又は２事業年前の課税売上高が、
・１千万円超　：課税事業者
・１千万円以下：免税事業者

新規開業等した事業者は、資本金が１千万円以上の法人や消費税課税事業者選択届出書を提出している場合等を除き免税事業者に該当します。

□ 課税事業者 ➡ 次葉のBへ

□ 免税事業者 ➡ 次葉のAへ

□ 新規開業等した事業者

□ 事業を開始した課税期間の初日から登録を受けようとする事業者 ➡ 右の□枠内を記載し次葉のBへ

※ 課税期間の初日が令和５年９月30日以前の場合の登録年月日は、同年10月１日となります。

課税期間の初日（個人事業者は本年１月１日、法人は設立日）令和　年　月　日

□ 事業を開始した課税期間の初日から登録を受けない課税事業者 ➡ 次葉のBへ

□ 事業を開始した課税期間の初日から登録を受けない免税事業者 ➡ 次葉のAへ

税理士

※税務署処理欄　整理番号　入力　登録

この申請書は、令和五年十月一日から令和…二十九日ま…使用します。

令和5年10月1日から令和11年9月30日までの日の属する課税期間中に適格請求書発行事業者の登録を受ける場合は「適格請求書発行事業者の登録申請書」に登録希望日を記載することで、その登録日から課税事業者となる経過措置があるため、「消費税課税事業者選択届出書」の提出は不要。

「適格請求書発行事業者の登録申請書」（次葉）の記載例

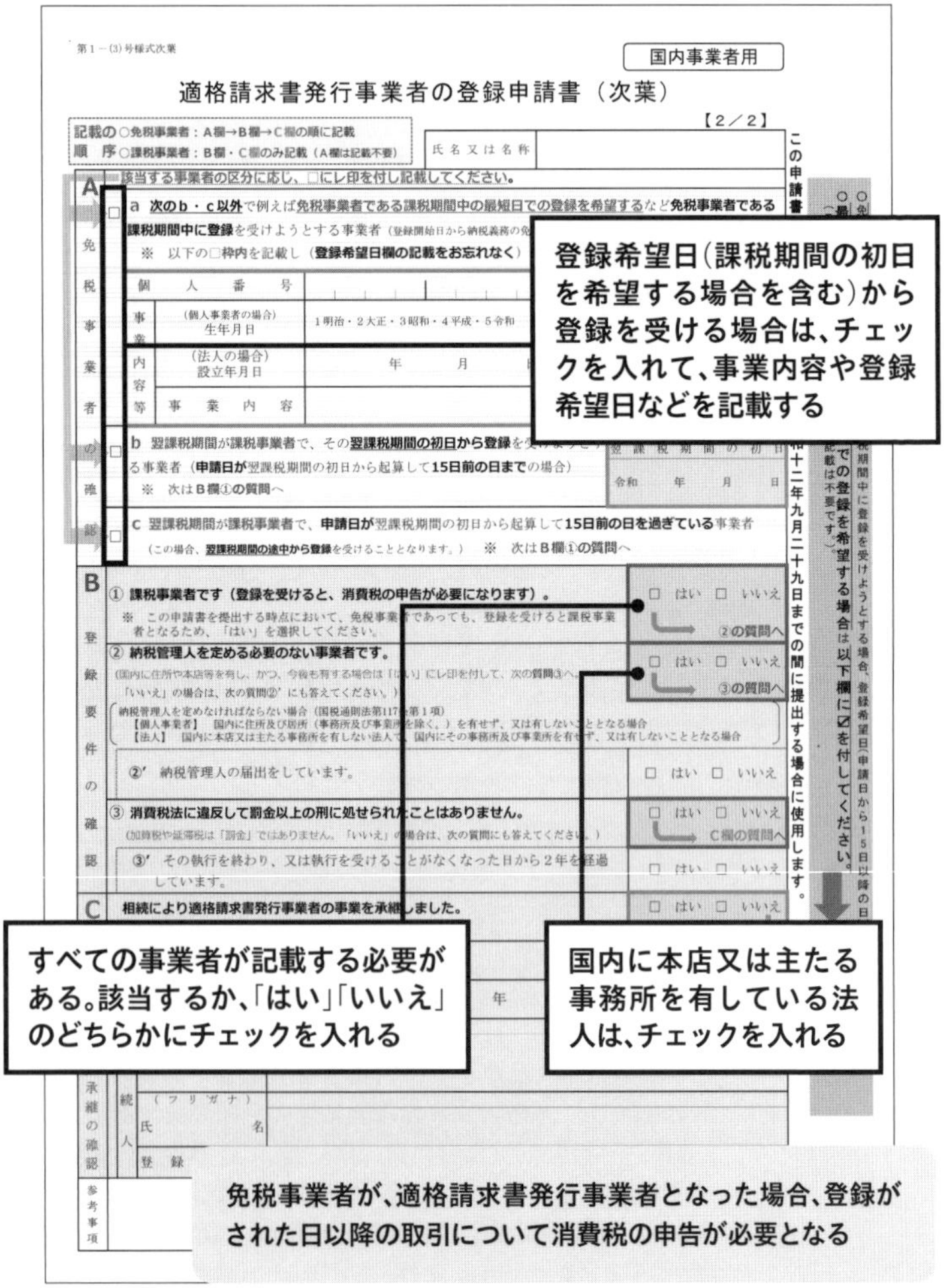

第１－(3)号様式次葉
国内事業者用

【２／２】
記載の順序 ○免税事業者：Ａ欄→Ｂ欄→Ｃ欄の順に記載 ○課税事業者：Ｂ欄・Ｃ欄のみ記載（Ａ欄は記載不要）
氏名又は名称
Ａ 免税事業者の確認
該当する事業者の区分に応じ、□にレ印を付し記載してください。
□ a 次のｂ・ｃ以外で例えば免税事業者である課税期間中の最短日での登録を希望するなど免税事業者である課税期間中に登録を受けようとする事業者
※ 以下の□枠内を記載し（登録希望日欄の記載をお忘れなく）
個人番号
事業内容等 (個人事業者の場合)生年月日 1明治・2大正・3昭和・4平成・5令和
(法人の場合)設立年月日 年 月 日
事業内容
□ b 翌課税期間が課税事業者で、その翌課税期間の初日から登録を受けようとする事業者（申請日が翌課税期間の初日から起算して15日前の日までの場合）
※ 次はＢ欄①の質問へ
翌課税期間の初日 令和 年 月 日
□ c 翌課税期間が課税事業者で、申請日が翌課税期間の初日から起算して15日前の日を過ぎている事業者
（この場合、翌課税期間の途中から登録を受けることとなります。） ※ 次はＢ欄①の質問へ
Ｂ 登録要件の確認
① 課税事業者です（登録を受けると、消費税の申告が必要になります）。
※ この申請書を提出する時点において、免税事業者であっても、登録を受けると課税事業者となるため、「はい」を選択してください。
□ はい □ いいえ ②の質問へ
② 納税管理人を定める必要のない事業者です。
（国内に住所や本店等を有し、かつ、今後も有する場合は「はい」にレ印を付して、次の質問③へ。「いいえ」の場合は、次の質問②'にも答えてください。）
納税管理人を定めなければならない場合（国税通則法第117条第１項）
【個人事業者】 国内に住所及び居所（事務所及び事業所を除く。）を有せず、又は有しないこととなる場合
【法人】 国内に本店又は主たる事務所を有しない法人で、国内にその事務所及び事業所を有せず、又は有しないこととなる場合
□ はい □ いいえ ③の質問へ
②' 納税管理人の届出をしています。
□ はい □ いいえ
③ 消費税法に違反して罰金以上の刑に処せられたことはありません。
（加算税や延滞税は「罰金」ではありません。「いいえ」の場合は、次の質問にも答えてください。）
□ はい □ いいえ Ｃ欄の質問へ
③' その執行を終わり、又は執行を受けることがなくなった日から２年を経過しています。
□ はい □ いいえ
Ｃ 相続により適格請求書発行事業者の事業を承継しました。
□ はい □ いいえ
承継の確認
年
続人 （フリガナ） 氏名
登録
参考事項
この申請書は、令和三年十月一日から令和十二年九月二十九日までの間に提出する場合に使用します。
○免税事業者が課税期間中に登録を受けようとする場合、登録希望日（申請日から１５日以降の日）
での登録を希望する場合は以下欄に☑を付してください。
記載は不要です。

会社設立後
6カ月

役員給与の金額決定についての注意点

会社を設立したら、役員給与の金額を決めなければなりません。これが簡単そうで非常に悩ましいことになります。仮に個人事業でやる場合は、売上から経費を差し引いた残りの利益が、すべて個人事業主の給与（所得）になります。よって、自分の給与を決める必要はありません。

法人の場合は会社の利益があり、そこから役員給与という経費を差し引き、残った分に法人税がかかります。一方、自分で決めた**役員給与には所得税がかかります。**

役員給与の金額決定が難しい理由

自分で自分の役員給与を決めるのは簡単そうで非常に悩ましいといいましたが、それは次のような理由があるためです。

①そもそも、法人としてどれだけ利益が出るかがわからない

「役員給与を年間1000万円にする！」と決めたとしても、法人としての利益が500万円しかなければ支払えないことになります。反対に、結果として法人の利益が2000万円出たけれども、あらかじめ決めておいた役員給与が300万円だと、「もっと役員給与を多くすればよかった」と後悔することもありえます。ここまで説明すると、法人の利益を見てから役員給与を決めればよいのではないか思われそうですが、そうはいかないのです。

法人の利益が確定してから毎期法人の利益ぴったりの役員給与を支払うと、法人税を一生払わずに済んでしまいます。これは利益操作にあたるため、役員給与はあらかじめ定めておかなければならないのです。

〝あらかじめ〟とは、**事業年度開始日から3カ月以内**になります。よって、法人の利益がまったく見えていない状況で役員給与を決めければならないのです。

②法人税と所得税で税率が異なる

法人税の税率は一定なのに対して、所得税の税率は所得が高ければ高いほど税率も高くなる**累進課税**となっています。よって、法人の利益と役員給与の切り分け方によって、法人税＋所得税の合計額は変動することになるのです。詳細は58ページで説明します。

③役員給与の支払いの際には、別途社会保険料も支払う必要がある

役員給与の支払いシミュレーション

【役員給与が60万円の場合】

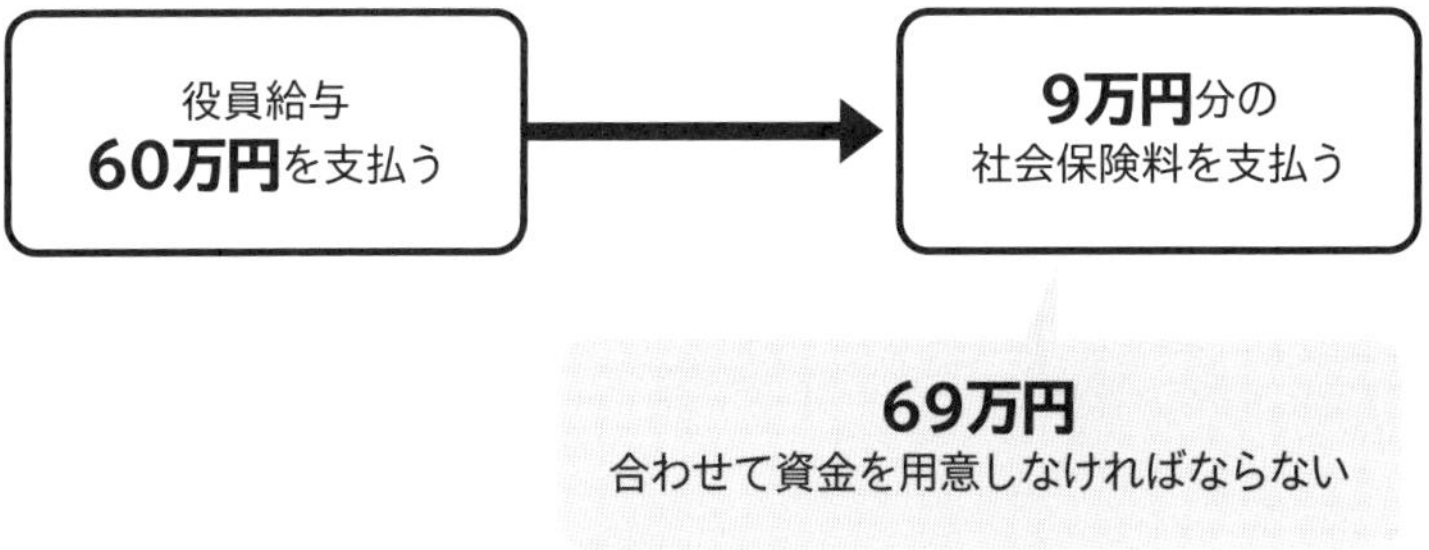

法人は、社会保険への加入が義務づけられています。仮に社長一人の会社であっても例外はありません。**社会保険は、上限はあるものの給与額面金額の約30%を、毎月年金事務所へ納めることになります。**この30%のうち**15%は本人負担**で、**15%は会社負担**となります。つまり、役員給与を60万円支払うことにより、別途会社負担で9万円の社会保険料が発生するため、合計69万円の資金が必要になります。

よって、利益が60万円の会社が役員給与として60万円支払おうとすると、9万円の社会保険料を支払えず資金ショートしていまいます。

これらの要因を念頭に置いて、役員給与の金額を設定する必要があるのです。

会社設立後
6カ月

役員給与が850万円超なら節税を考える

55ページで役員給与の決定が悩ましい理由を挙げましたが、とりわけ悩みの種となるのが「法人税と所得税で税率が異なる」ことです。

法人税は23・2%、法人住民税および法人事業税等を加味した実効税率は約30%となります。一方、所得税は所得が増えるほど税率も増える累進課税になっていて、5～45%と幅があります。個人住民税は一律10%ですので、合わせると15～55%となります。ですので、**役員給与を取りすぎるくらいなら一部を会社にストックし、法人税などとして支払ったほうが法人税等＋所得税等の合計額を安く抑えられます。**

役員給与の設定のカギとなってくるのが、850万という数字です。**役員給与が850万円まででであればいくらでもよい**といえます。850万円を超えてくると少し慎重に考えなければなりません。

役員給与は、所得税法でいうところの給与所得になります。給与所得者以外の事業所得

課税所得金額と税率

課税される所得金額	税率	控除額
195万円以下	5%	0円
195万円を超え330万円以下	10%	97,500円
330万円を超え695万円以下	20%	427,500円
695万円を超え900万円以下	23%	636,000円
900万円を超え1800万円以下	33%	1,536,000円
1800万円を超え4000万円以下	40%	2,796,000円
4000万円超え	45%	4,796,000円

者などは、経費を差し引いて申告します。

これに対し、給与所得者は、一定の算式で計算された**給与所得控除**というものが自動で差し引かれます。実は、これが役員給与の非常に大きなメリットとなります。

給与所得控除は給与が増えるほど控除額が増えますが、これを無制限に認めると高額所得者を優遇しすぎになってしまいます。よって、給与収入がある一定額以上になると控除額が増えないように設定されています。この上限となる給与収入が850万円なのです。

たとえば給与収入が850万円の場合、給与所得控除額は195万円となり、差引655万円に税金がかかります。

仮に給与収入が850万円を超えた場合でも、給与所得控除額は195万円のままです。つまり、850万円を超えた部分について、まるまる税金がかかってくることになるのです。その場合の税率は、少なくとも所得税20％＋個人住民税10％＝30％となり、法人の実効税率と同じです。給与が増えるとさらに税率は増し、法人税の実効税率を超えてくるので、役員給与ではなく法人税等として支払ったほうが、最終的に支払う税金は安くなります。

万が一に備えて会社の儲けを残しておく

役員給与850万円までは税額として損しないので問題ないと説明しましたが、会社の儲けすべてを役員給与として支払ってしまうと、会社にまったくお金が残らないことになります。何も起こらない事業年度などなく、必ず想定外の事態は起こりますので、そのときに備えお金は残しておいたほうがよいかもしれません。

また、役員給与850万円を超えてくると、法人にストックして法人税等を支払ったほうがお得と説明しました。ただし、会社にストックされた金額は何らかのかたちで吐き出さないとお金を使えないので、さまざまな視点で検討するようにしましょう。

会社設立後
6カ月

会社が所得税を代わりに納める源泉徴収制度

源泉徴収制度とは、給料や報酬を支払う際に、支払者である会社が所得税分を差し引いて、個人に代わって国に納める制度です。

源泉徴収の対象となるものは、役員や従業員に対する給料、賞与、退職手当等の支払いのほか、個人に対する原稿料、講演料、税理士や社会保険労務士等に対する専門家報酬の支払いなどが該当します。源泉徴収の対象となる報酬等は法律で限定的に定められており、国税庁のホームページで確認することができます。

源泉徴収金額は一人ひとり異なる

源泉所得税は、「その支給対象者の役員給与や従業員給与の諸々天引き前の額面金額」と「扶養の人数」によって源泉徴収する金額が定められています。よって、同じ給与であったとしても、扶養人数が異なると源泉徴収する金額も異なってきます。

納付書の記入方法

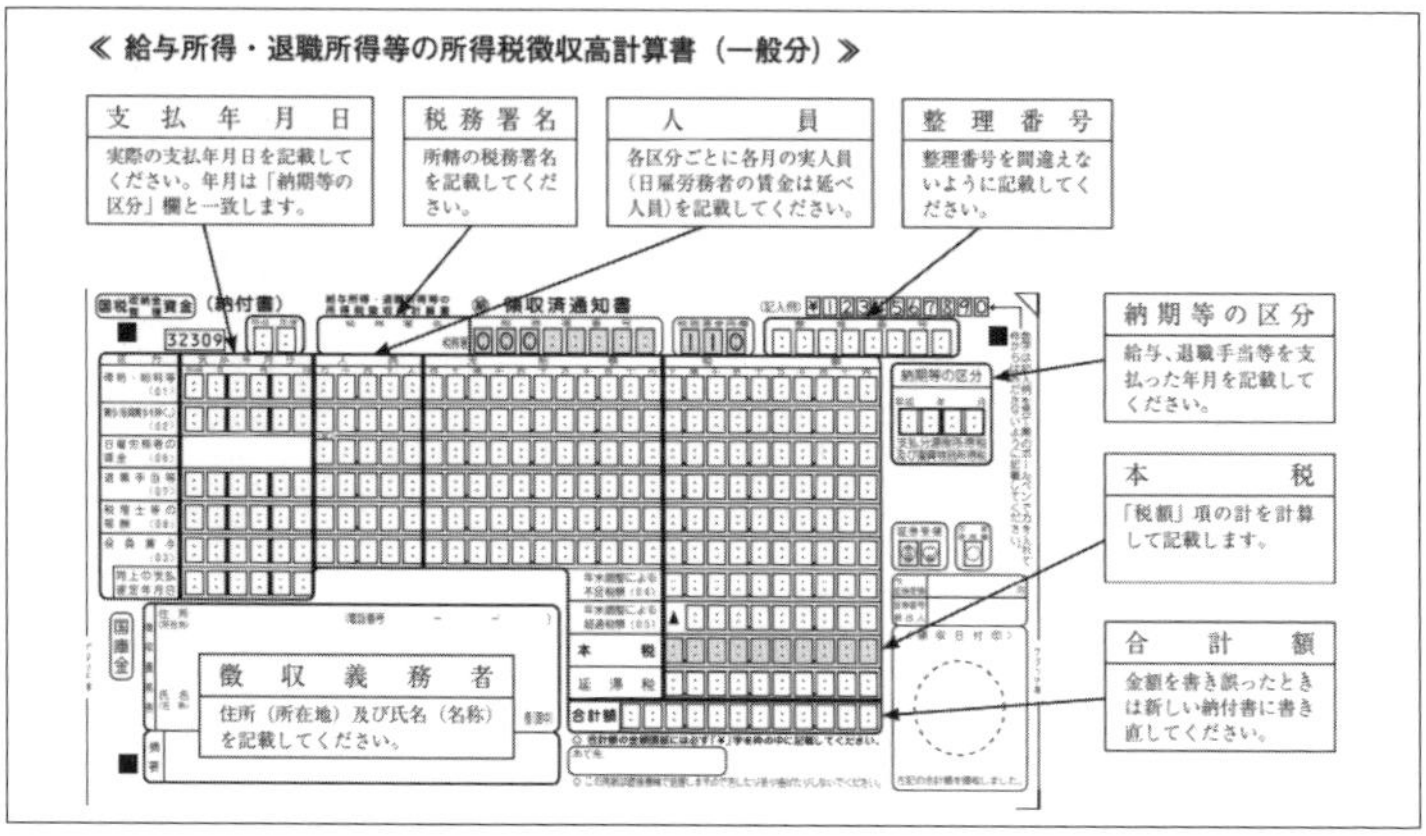

出所:国税庁ホームページ

源泉徴収した所得税は、徴収した月の翌月10日までに納付しなければなりません。ただし、支給人数が10人未満の場合、「源泉所得税の納期の特例に関する申請書」を提出していれば、半年分をまとめて納付することができます（106ページ参照）。

退職金にも源泉徴収は必要

役員給与や従業員給与以外にも源泉徴収が必要なものがいくつかあります。たとえば、退職金を支払った場合にも源泉徴収が必要です。また、税理士や弁護士などの士業のうち、個人事業の人への支払いも源泉徴収が必要です。退職所得にかかる源泉徴収や士業の源泉徴収は、役員給与、従業員給与の源泉徴収と一緒に納付します。

会社設立後
6カ月

税金の納付が遅れるとペナルティが課される

62ページでは、源泉所得税を所定の時期までに納付しなければならないと説明しました。ここでは、源泉所得税の納付をうっかり忘れてしまった、または、資金繰りが苦しく支払えなかった場合の取り扱いについて解説していきます。

納付が遅れると10%の加算税が課される

源泉所得税を納期までに支払えなかった場合は、不納付加算税というペナルティが課されます。そのペナルティは、「納付しなかった源泉所得税×10%」で計算されます。これは1日遅れた場合でも、1カ月遅れた場合でも一律で課されるため、非常に重いといえます。

しかしながら、自主的に納付した場合は不納付加算税が減額され「納付しなかった源泉所得税×5%」となります。また、納付期限から1カ月以内に納付した場合は、過去1年間に不納付をしていなければ、不納付加算税は免除となります。このように多少の緩和措置はあるものの、本来納める必要のなかったペナルティが発生するので注意が必要です。

別途延滞税も支払う

源泉所得税の納付が遅れた場合は、不納付加算税の支払いがあるといいましたが、実はこれ以外にも支払わなければならないものがあります。それは**延滞税**です。

延滞税は、支払いが遅れた日数に応じて発生する利息のようなものです。**税率は年7・3%もしくは特例基準割合＋1%のいずれか低いほうが採用されます**。特例基準割合とは、定期的に財務大臣が告示する割合です。2024年は特例基準割合＋1%＝2・4%となります。よって、7・3%＞2・4%ですので、延滞税の税率は2・4%ということになります。なお、不納付加算税も延滞税も、費用（税務上の損金）にはなりません。これは当たり前の話で、ペナルティを課しているのにもかかわらず、そのペナルティが費用になり、結果、法人税が安くなっては意味がないからです（118ページ参照）。

法人税が年1回の納付（予定納税がある場合は年2回）であるのに対し、源泉所得税は、基本的に毎月納付が発生します。忙しい時期は、気が付くと10日を過ぎていたということが起こりがちですので、納付スケジュールの管理は徹底しましょう。

会社設立後
6カ月

従業員との雇用契約書は署名の有無に注意する

「雇用契約書」とは、使用者が労働者と雇用契約を結ぶ際に取り交わす書類のことです。一般的には2部作成し、署名・押印したものを事業主と労働者が各々保管します。また、雇用契約書と類似した言葉で**「労働条件通知書」**という書類があります。どちらも同じように、人を採用する場面で用いられる書類ですが、両者の違いを適切に把握しておくことが、後のトラブルを回避するために重要となります。

必ず作成しなければならない労働条件通知書

実は雇用契約書は、法律上公布を義務づけられている書類ではありません。あくまでも雇用契約の内容に対して、両者の合意がなされたことを書面にしたものになります。

一方、労働基準法では立場の弱い労働者を保護するため、主要な労働条件を労働者に明示することを義務づけています。この**明示しなければならない内容を書面にしたものが一**

般的に、「労働条件通知書」と呼ばれています。

労働条件通知書には、**絶対的明示事項**として、少なくとも以下の内容を書面で記載しなければなりません（2019年4月からは、必要な条件のもとに電子交付が可能になりました）。

①労働契約の期間に関すること（有期労働契約者の場合は更新する基準も含む）
②期間の定めのある労働契約を更新する場合の基準に関すること
③就業の場所および仕事の内容に関すること
④始業および終業の時刻、所定労働を超える労働の有無、休憩時間、休日、休暇、交代勤務をさせる場合の就業時転換に関すること
⑤賃金の決定、計算、支払いの方法、賃金の締め・支払いの時期
⑥退職に関すること（解雇の事由を含む）

署名の有無が重要になる

ここまで読んで、それならば労働条件通知書だけでよいのでは、と思われるかもしれませんが、この2つのもっとも大きな違いは、労働者との合意、つまりは「**署名の有無**」にあります。

労働条件通知書兼雇用契約書の記載内容

契約期間	就業の場所
従事すべき業務の内容	始業・就業の時刻・休憩
休日	休暇
賃金	退職に関する事項
社会保険関係	署名・捺印箇所

雇用契約書が双方の同意（つまりは署名・捺印）があるのに対し、労働条件通知書は、使用者が一方的に通知するだけでも構わない書類です。万が一、労使間でトラブルが発生した場合には、**合意したサインがある雇用契約書のほうが有利になる**ので、両方の要素が不可欠であるといえます。

最近では、労働条件通知書に、署名捺印欄を加えた「**労働条件通知書兼雇用契約書**」という形式で雇用契約を結ぶ事業主が増えてきており、実務上もっともおすすめの形式といえます。

会社設立後
6カ月

社会保険に加入すべき事業所（法人・個人）

法人を設立した場合、「開業当初は代表者である自分一人しかいないから、社会保険に加入しなくてもよいのではないか？」と考える事業主は少なくありません。しかしながら**法人の場合は、規模や業種に関係なく、すべての事業所が加入対象となる「強制適用事業所」に該当するため、社会保険の加入が義務づけられます。**それゆえ、社長一人だけであったとしても、社会保険に加入しなければなりません。

5人以上の場合は強制的に加入される

それでは個人事業所の場合はどうなのでしょうか。個人事業所の場合は、**常時5人以上**の従業員（事業主は含みません）が働いているのであれば、強制適用事業所となるため、社会保険への加入が義務となります。この場合、加入義務が生じるのはあくまでも労働者だけの話になります。個人事業主本人は、社会保険には加入できないので注意が必要です。

一方、**常時5人未満の個人事業所は、社会保険の加入が強制されません。**このような事業所を「任意適用事業所」と呼びます。このほか、常時5人以上であっても、加入が強制されない「非適用業種」と呼ばれる業種（農林水産業、飲食業、旅館・その他の宿泊業、クリーニング・理美容等のサービス業、映画・娯楽業）があり、こちらは人数規模に関係なく社会保険の加入が義務づけられません。

任意適用事業所は半数以上の同意で加入できる

なお、このような加入義務のない任意適用事業所であっても、昨今の求人難に対応したり、従業員の福利厚生の条件をよくするために、社会保険に加入したい場合もあるかと思います。そのような場合は、社会保険の加入条件を満たす従業員のうち、2分の1以上の同意を得たうえで年金事務所に申請し、許可がおりれば社会保険の加入ができます。**一度加入が認められると、同意しなかった従業員も含めて社会保険に加入しなければならない**ので注意が必要です。

また、加入義務のある事業所が手続きをしていない場合ですが、年金事務所の調査が入った際に、最大で過去2年にさかのぼって加入手続きがなされます。悪質とみなされた場合は6カ月以下の懲役や罰金が科せられる可能性があります。

会社設立後
6カ月

社会保険と国保・国民年金の違い

社会保険とは、一般的に健康保険と厚生年金を指します。

社会保険は、会社（法人）からお給料をもらっている人を対象とした制度であるのに対し、**国民健康保険・国民年金**は、社会保険の適用がない個人事業所で働く人や個人事業主、無職の人などを対象とした制度です。

社会保険料は従業員と会社で納付

この2つの制度にはさまざまな違いがあります。

まず、窓口ですが、**国民健康保険**は自身の住所地を管轄する市区町村が窓口となり、手続き等は自分で行います。それに対し、**健康保険**は一般的に「協会けんぽ」と呼ばれる組織（大企業などは「組合健保」）が運営し、手続きは会社を通して行います。年金に関しても、国民年金は区役所等にある国民年金課に自ら赴き手続きを行いますが、厚生年金は年金事務所が窓口になり、健康保険と同じく会社を通しての手続きになります。

次に保険料ですが、基本的な社会保険料（健康保険料と厚生年金保険料）の算出方法は、「標準報酬月額×保険料率」になります。簡単にいうと、貰っているお給料の金額によって支払う保険料が決まっているのです。ですので、扶養人数によって保険料が変動することはないですし、副業の収入があっても社会保険料が高くなることはありません。また、**社会保険の場合、支払う保険料は従業員と会社で折半する**ので、半額になるのが特徴です。

一方、国民健康保険料は世帯単位で、加入者の人数や年齢、お給料のほか、不動産所得などがある場合はそれを含むすべての収入などを勘案したうえで決定されます。また、扶養という概念がないので、一般的には子どもの人数が多ければ多いほど保険料は高くなります（同じ世帯でも社会保険加入者の分は除くので、その分は計算に含みません）。

国民年金保険料は1万6410円（平成31年度）と定額で、厚生年金保険料に比べると比較的安いのですが、厚生年金と比べると、受取時の金額にも大きな差が出てきます。

また専業主婦（夫）など、扶養の範囲内である配偶者がいる場合、厚生年金では対象者が第3号被保険者という扱いになり、保険料を納めなくても年金がもらえますが、国民年金では保険料を納めなければ年金をもらえません。このような違いが、社会保険と国保・国民年金のあいだに存在することを、しっかりと押さえておきましょう。

会社設立後
6カ月

パート・アルバイトも社会保険に加入する

社会保険に加入しなければならない事業所については、68ページで確認しました。ここでは、働き方によって異なる社会保険の加入条件について、詳しく見ていきましょう。

役員報酬をもらっていれば加入する

まず、法人の代表者または常勤の役員の場合は、役員報酬をもらっているか否かで判断します。役員報酬をもらっていると社会保険への加入が義務になりますが、設立当初は資金繰りが厳しいなどの理由などから、役員報酬が無報酬であることも少なくありません。そういった場合は加入義務がないことになります。ただし年金事務所では、定期的に事業者に対して総合調査を実施しているので、その際に無報酬ゆえに加入していないなど、きちんと理由を説明できるように議事録などを作成しておくことをおすすめします。

そして、判断がむずかしいのが**「非常勤の役員」**です。無報酬である場合は加入義務がありませんが、報酬を受け取っている場合は、勤務実態や業務執行権、報酬の額などから総合的に判断されます。たとえば、役員会議に出席したり、報酬額が多かったりすると、加入義務があると判断されやすいことになります。

基準を満たせばパートでも加入できる

それでは一般の従業員の場合はどのように判断されるのでしょうか。

社会保険を適用しなければならない事業において、一般の従業員が働いた場合には、「労働時間」によって加入基準が判断されます。経営者の人のなかには、パートやアルバイトは社会保険に加入しなくてもよいと思っている人もいますが、「一定の基準」を超えて労働をする場合は、パートやアルバイトなどの肩書にとらわれず、社会保険に加入させなければなりません。

「一定の基準」とは、次のようなものになります。

①1週間の所定労働時間が、一般従業員の4分の3以上の場合
②1カ月の所定労働日数が、一般従業員の4分の3以上の場合

この2つの基準を満たしていれば、パートやアルバイトであっても社会保険に加入しなければならないのです。

会社設立後
6カ月

社会保険の加入には新規適用届を提出する

社会保険に加入すべき事業所（法人・個人）や対象者についての説明を終えたところで、書類上どのような届出が必要になるのかについて説明していきます。

会社を設立したらなるべく早く提出する

まず、**事業所が社会保険に加入すべき要件を満たした場合は、「新規適用届」を事業所の所在地を管轄する年金事務所へ提出します。**添付書類は、法人の場合、「法人登記簿謄本（原本）」「法人番号指定通知書の写し（法人番号が確認できるもの）」、個人事業所の場合は、「事業主の世帯全員の住民票（原本・個人番号の記載のないもの）」が必要になります。

また、事業所の所在地が上記添付書類と異なる場合には、「賃貸借契約書のコピー」など、事業所所在地を確認できるものを別途用意する必要があります。なお、提出期限は事実発生から5日以内ですが、会社設立から登記簿謄本ができ上がるまでは2週間程度必要となるので、すみやかに手続きをする、と解釈してください。

任意適用事業所の場合は、「新規適用届」のほかに、「任意適用申請書」「任意適用申請同意書」、さらには保険料の支払い能力を確認するため、事業主の事業税および市町村民税、所得税、国民年金保険料、国民健康保険料の領収書（原則1年分）が必要となります。

必要書類は年金事務所で入手可能

また、新規適用届はそれ単体で提出するものではなく、**対象となる加入者についての届出である「（健康保険厚生年金保険）被保険者資格取得届」と一緒に提出します。**加入者に被扶養者がいる場合は「健康保険被扶養者（異動）届」も必要になります。必要書類は、年金事務所に行き、窓口で新規適用の手続きをしたい旨を伝えれば、「新規適用セット」として必要な書類一式を貰えます。このなかに、手続きの案内として必要書類の説明および受付・問い合わせの電話番号も記載されているので、加入を検討された時点で貰いに行ってもよいでしょう。また、**日本年金機構のホームページ**からも入手可能です。

なお、新規適用届は事業所が社会保険に加入する際、初めに一度だけ提出する書類になりますが、その他の書類は加入義務のある人を雇い入れた場合に、その都度提出が必要になるので、事業主の人は、必要な情報を従業員から確認し、すみやかに提出しましょう。

会社設立後
6カ月

労災保険には必ず加入する

一般の従業員を雇い入れた場合、労働者のための保険である「労働保険」に加入しなければなりません。**労働保険とは、労災保険と雇用保険の2つを合わせたもの**を指します。それでは、それぞれの加入義務とは、どのような働き方をする人に生じるのでしょうか。

労災保険料は全額会社負担

まず、**労災保険とは、従業員が仕事中や通勤中にけがをした場合などに、治療費や休業中の補償を受けるための保険**です。労働者として雇った場合には、たとえ1日のみのアルバイトであろうと、正社員だろうと、必ず加入しなければなりません。また、労災保険料は**全額事業主の負担**となり、従業員の給与からは天引されません。

65歳以上の労働者も雇用保険に加入できる

一方、**雇用保険とは、主に従業員が退職した際に失業給付を受けるための保険**であり、次の要件を満たす人を雇用した場合に加入する必要があります。

①1週間に20時間以上働く人

②31日以上雇用する見込みがあること

①および②の両方の要件を満たす必要があり、いずれかの要件を満たさない場合は、被保険者となりません。

ただし、学生（夜間、通信を除く）については、これらの要件を満たしていても適用除外になります。というのも、一般的に、夜間や通信制の学校は働きながらであるのに対し、昼間学生の本分はあくまでも学業であり、失業という概念が成り立たないからです。

ちなみに、①の週20時間以上というのは、あくまでも所定労働時間が20時間以上という意味であり、一時的な残業やシフトの変更で20時間を超えても加入することはできません。ただし、残業が常態化してしまい、常に週20時間以上働くようになった場合は加入義務が生じます。

なお、平成29年1月1日より雇用保険の適用対象が拡大され、新たに65歳以上の労働者を雇用した場合でも、「高年齢被保険者」として雇用保険に加入できるようになりました。雇用保険は改正点などが多い分野なので、定期的な確認などが必要です。

会社設立後
6カ月

労働者を採用したら出す労働保険関係成立届

一般の労働者を雇い入れることになった場合、**「労働保険関係成立届」**を（一元適用事業所の場合）労働基準監督署に提出する必要があります。この書類は、**労災保険と雇用保険（もしくは労災保険のみ）を適用する事業所に該当したという届出**です。

また、労働保険関係成立届の提出と同時に、労働保険料を納めるために**「労働保険概算保険料申告書」**も提出しなければなりません。この書類は、雇い入れる労働者のお給料をもとに、概算で納めるべき労働保険料を計算したもので、事業成立時に先払いで保険料を納めるためのものになります。

その後、事業主は毎年、年度更新の時期（毎年6月1日〜7月10日前後）に、その年度の確定保険料と、翌年度の概算保険料を計算し、保険料を納める手続きをしていくことになります。この手続きをすべて終えることで、事業主は労災保険の加入手続きをしていることになるのです。雇用保険と違い、労災保険は一人ひとりの加入手続きをするわけではありません。1日だけのアルバイトから正社員まで、支払うお給料をもとに労災保険料を計算し、毎年労働保険料を納めることにより加入手続きをしているとみなします。

雇用保険加入者が増えた際にはその都度手続きを行う

雇用保険に加入する事業所は、上記の書類のほか、**「雇用保険適用事業所設置届」という書類をハローワークに提出しなければなりません。** 添付書類には「労働保険保険関係成立届の事業主控え」が必要となるので、それらの手続きを先に行わなければなりません。

その他の添付書類として、法人の場合は登記簿謄本、個人の場合は事業主の世帯全員の住民票の写しが必要となります。また、事業の実態を確認する書類として納品書や請求書などの写しを求められるので、併せてこちらも準備する必要があります。

また雇用保険適用事業所設置届は、それ単体で手続きをするわけではなく、その事業所では**はじめて雇用保険に加入する労働者がいた場合に「雇用保険被保険者資格取得届」と一緒に提出します。** なお、労災保険と違い、雇用保険に関しては加入する労働者を採用するごとに、一人ひとり「雇用保険被保険者資格取得届」の提出が必要になります。加入手続きの際には、「労働者名簿」「出勤簿等」「賃金台帳等」「労働条件通知書」などが添付書類として必要となります。

会社設立後
6カ月

会社を守るためにも就業規則を作成する

「就業規則」とは、会社や従業員が守るべきルールを定めたもので、いわば〝会社の法律〟です。人を雇う場合、それぞれ労働条件が違うので、雇用契約書のなかで細かい取り決めをしますが、就業規則は、すべての従業員に共通するルールを定めたものです。

労働基準法に違反する就業規則は無効

就業規則は、**常時10人以上の労働者**（パートなど含む）**を使用する事業所は必ず作成する義務があります。**また、作成するうえで、必ず記載しなくてはならない「絶対的必要記載事項」があります。就業規則の絶対的必要記載事項は次のとおりです。

・始業及び終業の時刻、休憩時間、休日、休暇並びに労働者を2組以上に分けて交代に就業させる場合においては、就業時転換に関すること
・賃金（臨時の賃金等を除く）の決定、計算および支払の方法、賃金の締切りおよび支払

の時期並びに昇給に関すること
・退職（解雇の事由を含む）に関すること

このほかの取り決めをする場合には、記載しなければならない事柄や、労働基準監督署への届出、従業員への周知など、就業規則作成には守らなければならないルールがいくつかあります。このため、経営者のなかには「就業規則をつくると会社の不利になる」と考える人も多く、義務でなければ必要はないといい切る人も少なくありません。

しかしながら、就業規則の有無にかかわらず、**労働者は「労働基準法」で守られています。**仮に、就業規則が労働基準法に違反していた場合、または基準以下だった場合は、その部分は無効になり、労働基準法の水準が適用されます。たとえば、「うちは就業規則がないから有給休暇はないよ」といっても通りませんし、「そんなに休ませたくないから日数を少なく定めよう」といっても意味がないのです。

労働基準法は労働者のための法律ですが、就業規則には従業員に守ってもらいたい約束や義務、最近増えている「問題社員」へのペナルティなど、「会社を守る」ための文言を織り込むことも可能なのです。このような観点からも、就業規則は必要ですし、人数にかかわらず作成することをおすすめします。

会社設立後
6カ月

労働者のキャリアアップを促す助成金をもらう

「助成金」とは、働く環境の整備や職業の安定、人材の育成を促進するために、厚生労働省が企業に給付する返済不要のお金のことをいいます。

なかでも人気のある助成金に、**「キャリアアップ助成金」**というものがあります。この助成金は、有期契約労働者や短期間労働者、派遣労働者といった、**いわゆる非正規雇用労働者が企業内でのキャリアアップを行うことを目的とした給付金**です。正社員化コースや処遇改善コースなど、これらの取り組みを実施した事業主に対して給付金が支給されます。

助成金申請の際は社労士に相談する

助成金額や内容、細かい手続きについては、ここでは省略しますが、事業主が最初に行わなければならない、キャリアアップ計画書の作成について説明します。

「キャリアアップ助成金」を受給しようとする場合、最初にやるべきことは、「キャリアアッ

助成金などの施策を探す

＼探す際は厚生労働省のサイトを活用しよう／

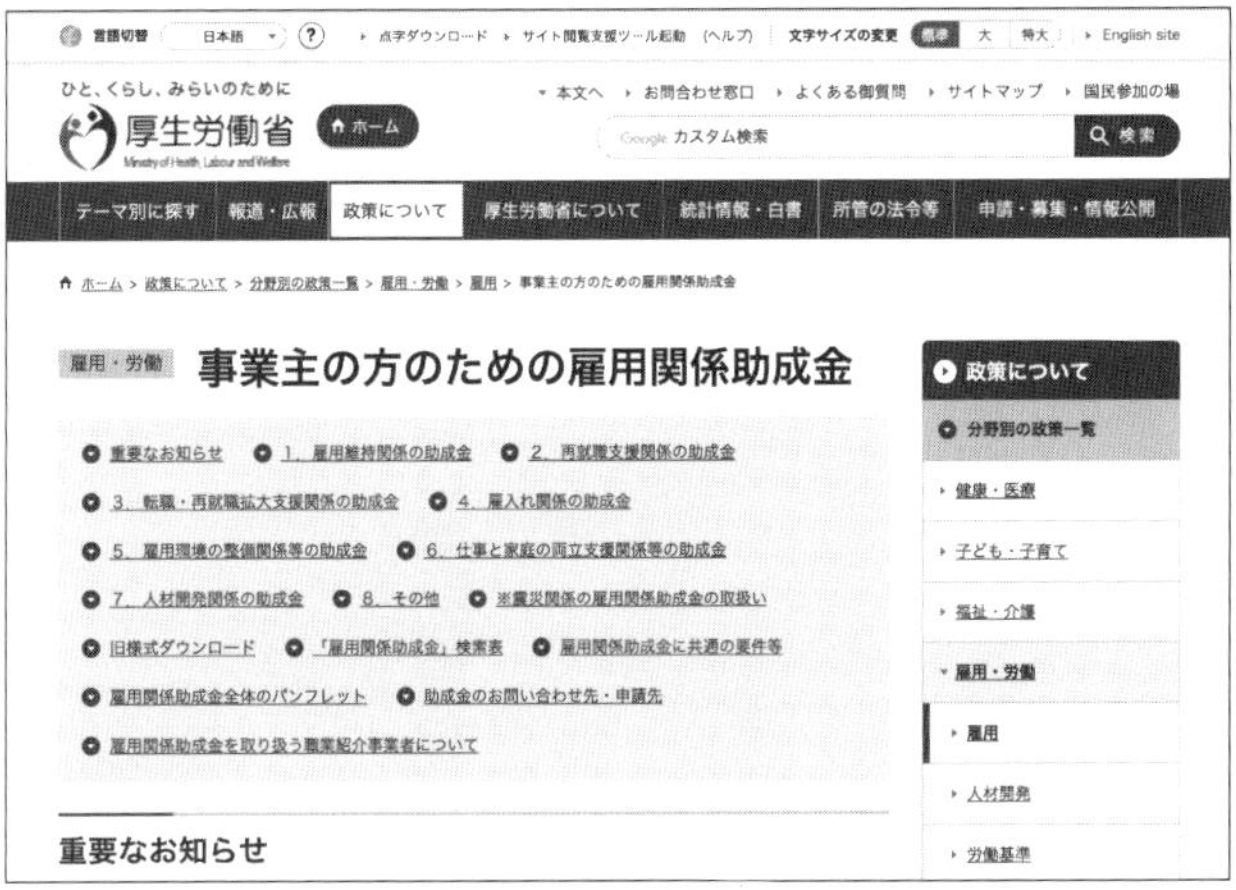

厚生労働省:https://www.mhlw.go.jp/stf/seisakunitsuite/bunya/koyou_roudou/koyou/kyufukin/index.html

プ計画書」の作成と、作成した書類をハローワーク（もしくは都道府県助成金センター・助成金デスク）に提出することとなります。

「キャリアアップ計画書」とは、有期契約労働者等のキャリアアップに向けた取り組みを計画的に進めるため、対象者、目標、期間、目標を達成するために事業主が行う取り組みといった、今後のおおまかな取り組みイメージをあらかじめ記載したものになります。正社員化コースでは、これを作成し、遅くともコース実施日の**前日**までに労働局の確認を受ける必要があります。

書類作成のほかにも、就業規則の作成やキャリアアップ管理者の選任など、キャリアアップ助成金は社長一人で取り組むにはハードルが高い助成金といわざるをえません。受給を目指すのであれば、社労士に依頼するのがもっとも効率的といえます。社労士の報酬額は、助成金額の2割程度が一般的です。

助成金を受けるには正しい労務管理が必須

なお、キャリアアップ助成金に限らず、助成金を受けるためには、「受けられる事業所」である必要があります。たとえば、「ずっと労働保険料を滞納している」「会社都合の離職者（解雇、退職勧奨）が多数いる」「社会保険に加入すべき労働者を加入させていない」「残業代をきちんと払っていない」などに当てはまる場合、かつ今後も改善する気がない場合は、助成金に取り組むことがむずかしいと考えてください。

正しい労務管理を行うことが、助成金を受けるための重要なポイントです。ただでもらえる目先のお金ばかりに目が行きがちですが、助成金を受給するためには、最低限の労働基準法を守っている事業所である必要があるのです。

2

会社設立後

1年目でやる税務

会社設立後
1年目

売上計上のタイミング 現金主義か発生主義か

会社が事業を行ってモノやサービスを提供すると、相手からその対価を受領しますが、受領方法は後日預金口座に入金されたり、カード会社を経由して受領したりと、事業の内容や取引先によって異なります。では、具体的にどのタイミングで売上を認識すべきなのか考えてみましょう。

確定申告は発生主義で記帳する

実際にお金を受け取ったときに売上の計上をする方法を「現金主義」といい、商品を納品したときや工事が完了して引き渡したとき、サービス提供が終了したときなど、**権利が確定したときに計上する方法を「発生主義」**といいます。

商品を4月1日に売って、代金が5月10日に預金口座に振り込まれた場合を例に考えてみましょう。現金主義では、実際にお金を受け取ったときに売上を計上するので、5月10

現金主義と発生主義の違い

	現金主義	発生主義
モノやサービスの提供	仕訳なし	売上の計上仕訳（売掛金の計上）
入金	売上の計上仕訳	売掛金の回収仕訳
メリット	処理がわかりやすくて楽	月次損益管理ができる
デメリット	決算整理が必要になる	仕訳量が多くなる

日に売上を認識します。商品を売った4月1日には仕訳を計上する必要はありません。これに対して発生主義では、納品した4月1日に売上を計上し、「売掛金」などの債権を認識しておき、入金される5月10日に売掛金を消す作業をします。

現金主義は、売掛金などを認識する手間がないので日々の仕訳の本数が少なくて済み、発生主義は、毎月の売上をリアルタイムで認識することができるので、経営分析などには便利な方法といえます。いずれの方法も正しい会計処理ですので、どちらを選んでもかまいませんが、売上と仕入・経費の計上方法は統一しておくことが望ましいです。

ただし、**いずれの方法を採用しても、確定申告時には発生主義で記帳する必要があります。**

会社設立後
1年目

仕入・経費計上のタイミングを売上の計上方法と統一する

仕入や経費など、支出側の計上方法についても確認しておきましょう。
仕入や経費の支払方法にも、現金払い、預金口座払い、クレジットカード払いなどがあります。仕入・経費の記帳方法にも、現金主義と発生主義があります。

取引に応じて適切な勘定科目の設定を行う

支払関係を発生主義で記帳する場合、売上に比べると使う科目が多く、いくつか種類があります。仕入に使うのは「**買掛金**」、仕入以外のモノやサービスの提供を受けて対価を支払っていないときは「**未払金**」や「**未払費用**」、反対に、先にお金を支払ってまだモノやサービスの提供を受けていないときは「**前払金**」や「**前払費用**」といった科目を利用します。

代表的な勘定科目を紹介しましたが、会社の取引に応じて適切な科目を設定して管理するとよいでしょう。

売上の記帳方法と合わせる

先ほど、売上を発生主義にした場合は仕入や経費などの計上方法も発生主義にしたほうが望ましいといいましたが、その理由は、**売上と仕入や経費の月ごとの対応関係を把握し、月次の損益を正確に計算するためです。**

たとえば、売上だけ発生主義で仕入と経費を現金主義にすると、売上に対応する仕入や経費が翌月や翌々月に計上されてしまいます。6月の利益は、6月の売上から4月や5月の仕入・経費を差し引いた数値となり、正確な月次の損益が把握できません。

せっかく売上を発生主義で計上するのであれば、可能な限り仕入や経費についても発生主義で記帳しておくとよいでしょう。全部の取引を発生主義とするのがむずかしければ、少額なものや毎月同額となるものは簡便的に現金主義でもかまいません。金額が大きなものや売上との対応関係を明確にしておきたいものなどは、積極的に発生主義で記帳するとよいでしょう。

なお、**現金主義経理を採用した場合であっても、確定申告の際に決算整理で発生主義（正確には「債務確定主義」という基準）に切り替える処理が必要です。**

会社設立後
1年目

煩雑な給与計算は計算ソフトを利用する

給与の計算および記帳方法では、額面金額の決定や、控除すべき社会保険料や税金などに留意する必要があるので、少し複雑です。

まず、額面の給与の額から本人が負担すべき社会保険料を等級に応じて控除し、労働保険料を計算して控除したあと、本人の家族構成などを扶養控除等申告書で確認してそれに基づく源泉徴収税額を控除し、さらに住民税特別徴収税額を控除します。**額面金額からすべてを控除した残額が従業員本人の手取り額になります。**

これら一連の作業を毎月締め日から支給日までの間に行います。給与が時給制か月給制か、残業があるか否かなどよっても計算の煩雑さが異なります。

複雑な給与計算はソフト上で行う

エクセルなどで計算することもできますが、間違えてしまうと大変なので、給与計算ソ

給与の仕訳の例

【額面給与200,000円、本人負担の社会保険料30,000円、源泉所得税3,700円、住民税7,000円、手取り159,300円の場合】

借方		貸方	
給与	200,000	預金※1	159,300
		社会保険料※2	30,000
		預り金（源泉所得税）	3,700
		預り金（住民税）	7,000

※1発生主義の場合は、未払金などの科目を使う
※2法定福利費のマイナスとして記帳する方法と、預り金などの科目を使う方法がある

フトを利用することをおすすめします。

給与計算ソフトを利用する場合は、あらかじめ本人の家族情報や社会保険料の等級、時給や残業計算基礎情報などをマスターに登録しておくと、毎月の作業の際、**その月に働いた時間数や残業時間など、月によって変動する項目を入力するだけで、自動で支給額から控除額、手取り額などを計算してくれる**のでとても便利です。

給与計算業務を専門家などへ任せることも可能で、外注先には社会保険労務士や税理士、給与計算代行会社などがあります。毎月の給与計算は、年末調整や法定調書合計表などの作業に関係するので、これらをセットで考えて、どのように外注するか検討しましょう。

会社設立後
1年目

繰延資産を上手に使って損益をコントロールする

会社設立を決めてから実際に開業するまでに、法人の設立登記やホームページ作成、パンフレット作成、名刺作成、取引先との打ち合わせ、挨拶状送付、備品購入など、さまざまな準備が必要となります。そのために要する費用は、事業の内容や規模によって異なりますが、少なくとも数十万円ほどかかるので、これらの支出を費用化するタイミングは、設立したばかりの法人にとってはインパクトの大きなものです。

挨拶回りの手土産代も任意償却可能

これらの支出は、「創立費」や「開業費」といい、「**繰延資産**」と呼ばれる資産の一種です。繰延資産は、原則として、その支出の効果の及ぶ期間で償却（費用にすること）する必要があるのですが、創立費と開業費は例外的に、法人の任意の期間で償却することが認められています。つまり、**法人の経営状況を見ながら費用化するタイミングを選び、損益**

をコントロールすることが可能なのです。

創立費とは、法人を創立するときにかかる費用です。たとえば、株主を募集するための広告費や創立総会の費用、創立業務に従事する使用人への給与、定款作成費用、商業登記費用、司法書士報酬、創立作業のための事務所の賃貸料、発起人への報酬などが該当します。

開業費とは、会社を設立してから開業するまでのあいだ、開業準備のために支出する費用です。たとえば、取引先との打ち合わせ費用や挨拶回りの手土産、市場調査費用、名刺作成費用、ホームページ製作費用、ダイレクトメールの印刷費用や発送費用、消耗品購入費用などが該当します。

償却のタイミングを計る

創立費や開業費に該当する支出は、金額の大小に関係なく、支出した事業年度に即時償却することが可能ですので、早いタイミングで損金にすることができます。また、設立当初は赤字になることも多くありますので、初年度に償却せずに事業が順調になって黒字化したタイミングで償却することも可能です。

創立費および開業費を除いて、任意の費用化が認められるしくみはあまりないので、上手に活用して損益をコントロールしましょう。

会社設立後
1年目

必要な機能を精査して会計ソフトを選ぶ

経理業務を行うために欠かせない会計ソフトですが、大きく分けると2種類あります。クラウド上で入力からデータ管理まで行うクラウド型会計ソフトと、パソコンにインストールして利用するパッケージ型会計ソフトです。

操作性がよいのはパッケージ型ソフト

クラウド型会計ソフトとは、この数年で新しく開発された会計ソフトで、仕訳の入力から財務諸表の作成、データの保存までの全工程をクラウド上で行います。ソフトをインストールする必要がなく、インターネットにつなげる環境さえあれば、どのパソコンからでも利用することが可能です。

作業を自動化する機能がついており、預金口座情報やクレジットカード情報をあらかじめ連携させておくと、日々の入出金情報や利用情報などを仕訳として取り込むことができます。データはクラウド上で管理されるので、データのバックアップやシステムのアップデートを自分で行う必要がありません。

利用料金は、月払いまたは年払いのことがほとんどで、事業所ごとやユーザーごとに単価が定められています。無料体験版を利用することができるので、導入前に試してみるとよいでしょう。

パッケージ型会計ソフトとは、従来型の会計ソフトで、パソコン1台1台にソフトをインストールして利用します。データの保管方法は、利用者のパソコンに保存するかサーバー等に保管して共有できるしくみを構築する必要があります。インターネットを利用しないので、クラウド型会計ソフトよりも操作性がよく、反応速度が早いのが特徴です。

料金は、会計システム購入時に支払い、その後はアップデートのタイミング（年に一度など）で支払うか、毎月のサポート料金（アップデート料を含む）を支払っておく方法もあります。

会計ソフトは、一度使い始めると途中で変更するのが大変なので、部門管理や経営分析などといった必要な機能の有無、サポート体制、セキュリティ、ＯＳとの相性、操作性、分析表の見やすさ、予算などを総合的に考えて選ぶとよいでしょう。

会社設立後
1年目

取引の確認書類は領収書よりもレシート

日々の会計資料として、大量のレシートや領収書が発生します。それらの内容をエクセルに入力して管理するか、そのまま会計ソフトへ入力するのが従来の方法でしたが、現在はスキャナーを利用して自動化するという便利な方法があります。

スキャナーの活用で日々の作業を簡単にできる

レシートや領収書をスキャナーで読み込むと、読み込んだデータが会計ソフトに連動し、**日付・勘定科目・金額・消費税区分・インボイス区分などを自動で識別して仕訳を提案してくれるので、それぞれを確認して承認するだけで仕訳作業が完了します。**

導入を検討する場合には、利用中の会計ソフトがスキャナーによる自動取り込みとの連携が可能かどうかをまずは確認し、そのうえでスキャナー選びをするとよいでしょう。このほかに、スマホでレシート類を撮影する方法もありますが、量が多い場合、一枚一枚行うと大変ですので、スキャナーによる一括読み込みがおすすめです。

取引の確認書類はレシートのほうが望ましい

取引の確認書類として、「レシートよりも領収書のほうがよい」と考える人が多いかもしれませんが、日付・金額・内容・相手先・消費税・インボイス番号の記載があれば、実務においてはどちらも有効な書類です。領収書には宛名があるので、会社のための支出であることが明確になりますが、一方で但し書きを「お品代」などとしてしまうと、本当に会社にとって必要な支出なのかを判断できません。また、宛名書きや日付が記されていないものや、手書きの領収書などは税務調査の際に指摘を受けやすいので注意が必要です。

一方、レシートには具体的な取引内容が記載されており、その費用が本当に事業に必要なものか否かを確認できるだけでなく、不正を行いにくいため、取引の証拠資料として信頼性が高いといえます。ただし、宛名がないので、不正なことをしようと思えばできてしまいます。

どちらも一長一短ですが、税理士の視点からすると、領収書よりも取引の明細を確認できるレシートを保存しておくほうが望ましいといえます。領収書の場合には、但し書きに取引の内容を具体的に記載するなどといった工夫をするとよいでしょう。

会社設立後
1年目

CSVを活用して会計業務の負担を減らす

日々の会社の取引を一本一本会計ソフトに仕訳入力していくのは骨の折れる作業です。取引の量は会社の規模や業種によっても大きく異なりますが、小規模な会社でも通常、月に数百から数千以上の仕訳が必要になるのが一般的です。

そこで、作業の効率化のためにおすすめなのがCSV（項目ごとに区切られたデータ）を活用した記帳方法です。一般的な会計ソフトであれば、クラウド型・パッケージ型を問わず、CSVで仕訳を取り込める機能がついています。**可能な限り取引情報をデータで入手し、CSVを利用して会計ソフトへ取り込めるデータに加工することで、大量の仕訳を一気に記帳することができる**ので、作業の効率化が可能です。

データで入手してCSVで取り込む

インターネットバンキングを利用している口座であれば、インターネット上で日々の入

出金情報をCSVやエクセルに変換して出力することが可能です。出力したデータには、取引日付、金額、摘要欄などがありますが、このままでは仕訳情報として取り込むことができないので、各会計ソフトが指定するCSVのフォーマットに加工していく作業が必要です。

具体的には、必要な列を増やして、勘定科目や補助科目、消費税区分、部門、摘要欄などを記載していきます。

なお、インターネットバンキングで出力可能な入出金情報が過去1カ月分などに限定されていることがあるので、期間内にデータ化しておくように注意しましょう。

通帳と同様に、毎月の**クレジットカード利用明細**も、インターネット上でCSVやエクセルで入手することが可能です。

ほかにも、現金出納帳や売掛金管理表、買掛金管理表、給与台帳などをエクセルで作成しておき、CSVに加工して取り込むということもできます。さらには、これらのエクセルにあらかじめマクロを組んでおき、ボタン1つで会計ソフト取込用のCSVに加工する、という便利な方法もあります。はじめのうちは取り込みエラーなどが多発してめげそうになるかもしれませんが、使いこなせるようになると非常に便利です。ぜひ、チャレンジしてみてください。

会社設立後
1年目

電子帳簿保存法への対応

電子帳簿保存法は、一定の要件下で電磁的記録等による保存等を認め、かつ、電子取引により収受したものについては電磁的保存により保存しなければならないことを定めた法律です。電帳法の保存区分には、「電子取引データ保存」「電子帳簿等保存」「スキャナ保存」の3つがあります。

電子取引データ保存

電子取引のデータ保存は、「真実性の確保」と「可視性の確保」の2つを満たす必要があります。真実性の確保は、タイムスタンプを付すことでその電子データが無二のものであることを証明し、かつ、訂正や削除の防止に関する規程を定めてそれに従って運用することを求めています。可視性の確保は、電子データをすぐに取り出せるよう検索機能を確保することを求めています。

なお、**令和6年1月1日からは、右記の保存要件に代え「税務調査の際に電子取引データのダウンロードの求めに応じること」と「出力書面の提示又は提出の求めに応じること」を満たせばよいという猶予措置があります。**

電子帳簿等保存

会計ソフト等を使用して電子的に作成した帳簿書類については、要件を満たすことで印刷せず電子データのまま保存することができます。主な要件としては、システムの説明書やディスプレイ等を備え付けていること、税務職員からの「ダウンロードの求め」に応じることができることが挙げられます。

スキャナ保存

紙で受領した領収書や請求書等をスキャナ等で電子データ化して保存することで、書類自体を破棄することができます。ただし、**入力期間の制限があるなど一定の要件を満たす必要があります**ので専用のソフトを使わないと実施は困難と言えます。

会社設立後
1年目

会社の状況により税理士への依頼範囲を選択

会社で日々の記帳などの経理を行わずに、丸ごと顧問税理士に依頼することもできます。それぞれのメリット、デメリットを考えてみましょう。

手間とコストを比較してみる

会社で行う場合のメリットには、**ビジネスの全体像を把握できることや、そのときどきの経営状況を数値でタイムリーに把握できる**ことが挙げられます。デメリットは、会計ソフトを導入しなければならないことや、手間がかかるため人を配置しなければならないこと、知識不足によって間違った処理を行ってしまうことなどです。

これに対して税理士に依頼するメリットとしては、**会計税務の専門家のため正しい処理をしてもらえる、適宜アドバイスをもらえる**などが挙げられますが、その分、費用がかかってしまいます。

どちらがよいか、ということは会社の状況にもよるので一概にはいえません。会社規模や経理業務の多寡、社内に経理に詳しい人物がいるかいないか、会社設立間もないのかどうかなど、会社の状況によって判断するとよいでしょう。

税理士へ依頼する際は会社の要望を伝える

税理士へ依頼する場合、**確定申告業務のみの依頼や、月次の経理も含めた依頼、月次の経理は会社で行ってレビューをお願いする**など、さまざまな選択肢があります。

特に、確定申告は専門的な知識が不可欠なので、自力で調べながら申告するのは大変な作業ですし、間違った申告をしてしまうリスクもあります。また、税務調査にも自分たちで対応しなければなりません。

そのような労力を割くくらいなら、本業の経営に注力したほうが得策かもしれません。少なくとも、申告作業は税理士にお任せすることをおすすめしますが、月次の経理については、CSVやクラウド会計のデータ連携機能などを駆使して効率化を図りながら会社で行っていく方法もよいと思います。経理業務に不安がある場合は、最初のうちだけ税理士に月次でレビューしてもらうこともできます。会社の要望を伝えて、どのようなサポートが可能なのか、相談に乗ってもらうとよいでしょう。

会社設立後
1年目

納税期限を把握して資金繰りを考える

会社の資金繰りを考えるにあたって、絶対に忘れてはいけないのが**納税資金**です。税金は、期限を守らないと思わぬペナルティを課されるリスクもあるので、スケジュールに組み込んでおく必要があります。

毎月納付する税は資金繰りに組み込まない

役員給与や従業員への給与、ライターや税理士等への報酬から控除する**源泉所得税は、これらの支払いをした月の翌月10日までに納付する**必要があります。ただし、一定の要件を満たした場合には、半年分をまとめて納付することも可能となります。

また、**役員給与や従業員の給与から控除する住民税の特別徴収税額も、翌月10日までに納付します。**

毎月徴収して翌月納付するものは資金繰りに組み込む必要はないですが、半年分まとめて納付する場合は、忘れないよう注意しておく必要があります。

年に数回納付する税は資金繰りに組み込む

法人税・地方税・消費税は、会社によっては年に1回しか納付しないので、あらかじめタイミングと納付額を把握しておくことが肝心です。

個人から徴収して納付する源泉所得税や住民税とは異なり、これらは法人の課税所得などに応じて納税額が決まります。つまり、これらの税金の支払原資は法人の営業活動によって得た利益となるので、利益が出たからといって喜ぶだけではなく、そこからいくらの税金をいつ支払うのかを日ごろから意識しておくようにしましょう。

法人税・地方税・消費税（課税事業者の場合）は、期末から2カ月以内（法人税・地方税・消費税について申告期限の延長をしている場合は3カ月以内）に納付します。

そして、法人税・地方税の税額が20万円超の場合、期首から6カ月を経過した日から2カ月以内に、中間申告と納税をします。消費税も同様に、前期の税額によって1回～11回の中間申告・納税が必要となります。

これらのほかにも、償却資産税や、税金ではないですが労働保険料も、資金繰りを考えるうえで考慮しておきましょう。

会社設立後
1年目

源泉所得税の納期の特例は7月と翌1月に納付する

給与の支給人員が常時10人未満の場合、44ページで紹介した「**源泉所得税の納期の特例に関する申請書**」を出すことで、源泉所得税等を半年分まとめて納められるようになります。**納付は、1～6月分を7月10日までに、7～12月分を翌年1月20日までに行います。なお、申請書を提出した月の翌月分から効力が発生する**ので、注意してください。

また、特例納付の対象となるのは、給与、賞与、退職手当等、税理士等の報酬などです。よって、納期の特例の場合は、これらの源泉所得税も半年払いということになります。なお、**給与の支給人員が常時10人未満でなくなった場合には、原則通り毎月納付する**必要があります。

原稿料や講演料で個人に対する支払いや支払配当についても源泉徴収が必要ですが、こちらは納期の特例制度は適用されないので、支給日の翌月10日までに忘れずに納付が必要となります（次ページ参照）。

納付書の記入方法

報酬・料金等の所得税徴収高計算書

区分
コード表から該当するコードを選んで記載する

整理番号
整理番号を記載する

年度
会計年度を記載する

税務署名
所轄の税務署名を記載する

納期等の区分
報酬・料金等を支払った年月を記載する

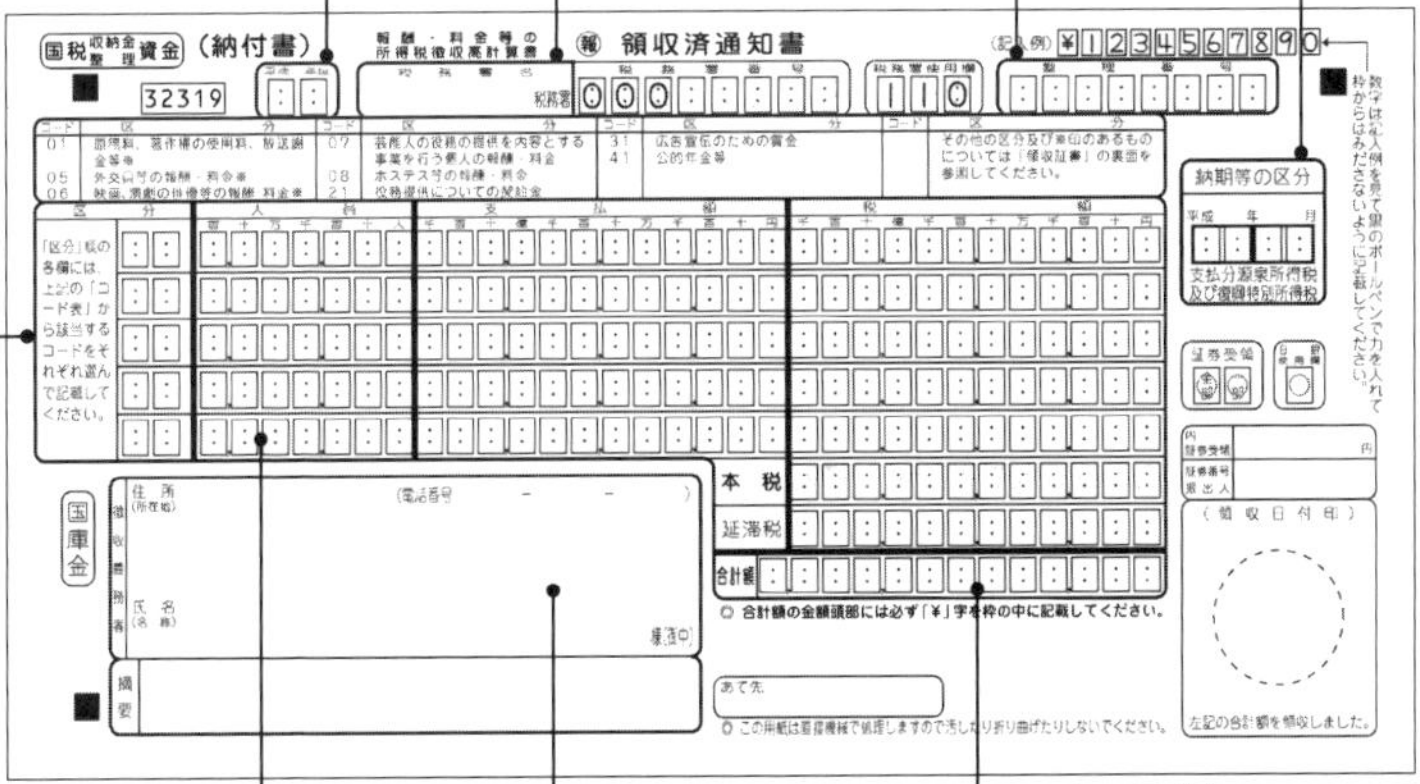

出所:国税庁ホームページ

人員
各項ごとに各月の実人員を記載する

徴収義務者
会社の住所および氏名を記載する

合計額
金額を書き誤ったときは新しい納付書に書き直す

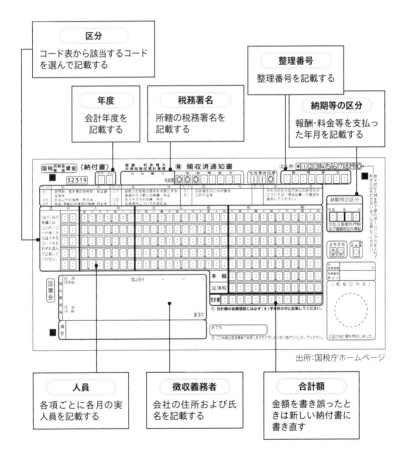

会社設立後
1年目

住民税を会社が代わりに納める特別徴収制度

本来、税金は自分で支払うものですが、会社員の住民税については特別徴収という制度が設けられており、自分で納付しなくてもよいとされています。**特別徴収は、会社が、住民税の納税義務者である役員や従業員に代わり、毎月支払う給与から住民税を差し引いて各市区町村へ納付する制度です。**

特別徴収をする場合、会社は**それぞれの市区町村が算出した住民税額を12分割した金額を、毎年6月から翌年5月までの1年間で毎月納付します。**

毎年5月ごろに「**特別徴収税額決定通知書**」が各市区町村から郵送されてくるので、その金額に従って毎月の給与から徴収額を控除し、翌月10日までに納付します。なお、年度の途中で従業員が住所変更した場合であっても、1月1日現在の住所地に納めます。

また、役員や従業員が退職した場合には、「特別徴収に係る給与所得者異動届出書」を提出して、特別徴収を次の会社へ引き継ぐか、普通徴収（給与からの天引きはせず、役員

特別徴収関係年間スケジュール例

時期	内容	備考
5月中旬	特別徴収税額決定通知書（当初分）発送	各市区町村から特別徴収義務者へ発送
11月末～12月上旬	各市区町村提出用給与支払報告書総括表発送	各市区町村から特別徴収義務者へ発送
翌年1月31日まで	給与支払報告書の提出	特別徴収義務者から各市区町村に対して提出

や従業員本人が自分で年4回納付する方法）へ切り替えます。ただし、1月1日から4月30日までの期間に退職者が出た場合は、残額を一括徴収する必要があるので注意してください。

徴収方法は選択できない

特別徴収は法律によって事業主の義務として定められているので、**特別徴収にするか普通徴収にするかは、原則として選択することはできません。**

ただし、従業員数が2人以下など一定の要件を満たす場合に限り、普通徴収に切り替えることが可能です。該当する場合は検討してもよいでしょう。

会社設立後
1年目

会社設立の初年度は予定納税はない

設立初年度は、法人税や地方税、消費税の納付は原則として発生しません。これらは決算後（つまり翌期）に課税所得を計算し、納付する義務が発生する税金となります。

第2事業年度からは、前期の確定申告による法人税・地方税・消費税（初年度から課税事業者となる場合）を、期首から2カ月以内（法人税・地方税について申告期限の延長をしている場合は3カ月以内）に納付する必要があります。

そして、その税額が一定額を超えると、次の確定申告・納税の前にあらかじめ税金を納付する義務が発生します。これを「**中間申告・中間納税（または予定納税）**」といいます。

最大11回発生する消費税の中間申告義務

法人税・地方税の中間申告の義務は、前期の確定法人税額が20万円を超える場合に生じます。期首から6カ月を経過した日から2カ月以内（3月決算法人の場合は11月末）に、中間申告と納税をする必要があり、前期の確定税額の12分の6か、仮決算を組んで所得を計算し、税金を納付します。

消費税も同様に、前期の確定消費税額（地方消費税は含まない）が48万円超である場合に中間申告義務が発生し、中間申告の回数は前期の確定消費税額に応じて変わります。48万円超400万円以下の場合は1回、400万円超4800万円以下の場合は3回、4800万円超の場合は11回の申告が必要となります。各中間申告の対象となる課税期間の末日の翌日から2カ月以内に、前期の確定税額に応じて計算した税額か、仮決算に基づいて税金を納付します。

消費税は課税期間が短縮できる

「消費税課税期間選択届出書」を提出した場合に限り、消費税だけは課税期間を3カ月または1カ月に短縮できます。

これは、多額の消費税を還付される法人の場合に活用できる制度です。この制度によって消費税還付のタイミングを早めることができますが、2年間継続適用となるので注意が必要です。申告回数が多くなるので、手間はかかりますが、資金繰りに役立つので還付額が大きくなる会社の場合は検討してみるとよいでしょう。

会社設立後
1年目

確定申告作業は期末から2カ月以内に行う

原則として、法人税・地方税・消費税は、期末から2カ月以内に確定申告をして納付しますが、46ページで紹介した申告期限の延長の制度を利用した場合、申告期限を1カ月延長することができます。

延長の適用を受けていれば、期末から3カ月以内に確定申告と納付をすればよいことになります。

法人税・地方税・消費税の税額計算は、日々の記帳作業の後に行う決算整理作業を終えてから行う一連の作業で、切っても切り離せない関係にあります。

したがって、どれか1つを先に計算して、残りのものは後回し、ということは基本的にできません。会計の決算作業をしながら、同時にすべての税目の申告数値を固めていくことになります。

確定申告・納付すべき期間

通常	延長
期末から **2カ月以内**に 確定申告・納付	期末から **3カ月以内**に 確定申告・納付※

※利子税がかからないよう、2カ月以内に見込納付しておくとよい

納付は2カ月以内に

法人税・地方税・消費税について延長の適用がある場合は、期末から3カ月以内に申告と納付をすればよいのですが、2カ月以内に見込納付をしておくほうが望ましいです。なぜなら、1カ月の延長期間に、期末納付額に対して利子税という利息がかかってしまうからです。

もし、期末から2カ月以内に決算作業が終わらず、納付額を算出できない場合は、**法人税・地方税・消費税を予想値よりも少し多めに見込納付しておき、利子税がかからないようにしておく**方法がおすすめです。多く納付した分は、確定申告書を提出してから1カ月ほどで指定した口座に還付されます。

会社設立後
1年目

法人税や法人住民税は損金にならない

法人が税金を支払った場合、会計上、租税公課勘定や法人税、法人住民税および事業税勘定によって費用として経理しますが、**税法上、損金とならない税金**が定められています。

消費税や法人事業税は損金扱い

損金にならない税金とは、法人税や法人住民税です。また、延滞税などのペナルティや罰金、過料なども損金となりません。

これに対し、法人事業税や消費税、利子税、事業所税、固定資産税、不動産取得税、自動車税、延滞金（納期限延長の場合分のみ）などは損金となります。

これらのほかにも、法人が納付する税金はいくつもありますが、税法には、「損金とならないもの」が限定的に列挙されているので、記載がないものは損金となります。なお、損金にならない税金が還付された場合は益金になりません。

損金になる税金とならない税金

項目	損金化	項目	損金化
法人税	×	地価税	○
法人住民税	×	酒税	○
国税ペナルティ関係	×	利子税	○
地方税ペナルティ関係	×	事業所税	○
所得税(法人税から控除または還付)	×	不動産取得税	○
所得税(上記以外)	○	ゴルフ場利用税	○
法人事業税	○	自動車税	○
固定資産税	○	軽油取引税	○

法人事業税や事業所税などの申告納税方式（法人が自主的に申告して納付する課税方法）の場合は、原則として申告書を提出した事業年度に損金となります。

固定資産税や不動産取得税、自動車税などの賦課課税方式（課税庁が税額を計算して納税者に通知してくる課税方法）は、賦課決定のあった事業年度に損金となります。また、損金となる税金について、課税庁による更正や決定などがあった場合には、更正や決定があった事業年度に損金となります。

損金化となるタイミングについては、原則として「税額が確定した日の属する事業年度に損金となる」と考えておくと、とわかりやすいでしょう。

会社設立後
1年目

税務の知識が必要となる申告書の作成

法人税の課税標準（税金をかけるもとになる税務上の利益）は、会計上の利益に一定の調整をして計算します。税務上の収益を**益金**、税務上の費用を**損金**といいます。

会計上の利益は収益から費用を引いて求めますが、税務上の利益は益金から損金を引いて算出します。会計上の収益費用と税務の益金損金は、会計と税務の目的や考え方の違いから異なる部分があります。

会計は、株主への報告や経営判断に必要な数値を算出することを目的とするのに対し、税務は、課税の公平や適切な税負担、国の政策判断による優遇などを目的としているため、違いが生じるのです。

課税対象となる所得金額と税率

法人税を計算するときは、損益計算書の「当期純利益」からスタートします。そこに、会計と税務の差の調整をして、所得金額を計算します。繰越欠損金がある場合は、ここで控除します。

そして、**繰越欠損金控除後の所得金額に税率を乗じて法人税額を算出**します。現在の法人税の税率は、次のように定められています。

- **中小法人で所得金額800万円以下の場合……15％**
- **中小法人で所得金額800万円超の場合……23・2％**
- **中小法人以外の場合……一律23・2％**

なお、中小法人とは、普通法人のうち資本金の額が1億円以下の一定の法人をいいます。中小法人に該当した場合、各種の税務メリットが受けられます。

税額控除制度の情報収集を忘れずに

所得金額に税率を乗じて法人税額を算出した後、適用を受けられる税額控除があれば、差し引きます。税額控除制度は、国の政策によって期間限定で定められるものや、二重課税の排除を目的として定められるものなどさまざまな種類のものがあるので、年に一度は情報収集しておきましょう。

会計上の収益・費用と税務上の益金・損金

ほとんどの場合、収益と益金、費用と損金はイコールになるのですが、等しくならないこともあります。ここでは、等しくならないもののうち、代表的なものを紹介します。

「収益となるが益金とならないもの」としては、受取配当等や資産の評価益などがありますが、基本的にはほとんどの会社で発生しないのが実情です。これに対し、「費用となるが損金とならないもの」は数多くあり、どこの会社も例外なく該当します。

損金化には厳しい要件が定められている

代表的なものは次のとおりです。

・交際費等及び寄附金

税務上、損金算入限度額が定められており、限度額を超えた金額は損金となりません。

・役員給与、役員賞与

法人税の課税ベース

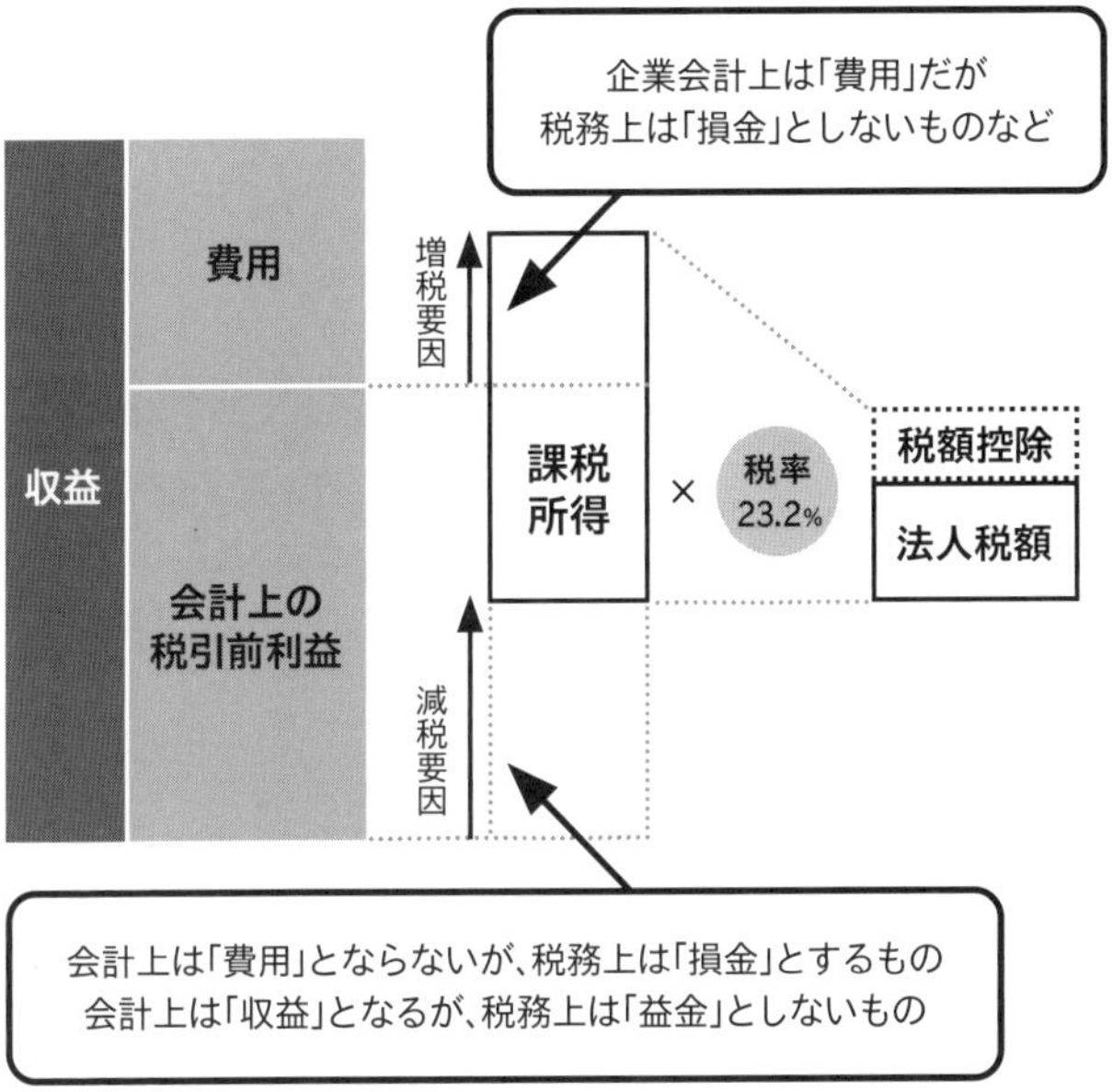

会社の利益を操作するのに効果抜群な費用なので、損金算入するためには一定の要件を守る必要があります。

・租税公課

法人税や住民税のほか、ペナルティは損金となりません。

・引当金繰入

引当金とは、将来発生する費用のうち、当期帰属分を見積もってその概算額を当期の費用とするものです。会計上は、数々の引当金がありますが、税務上は、貸倒引当金などごく一部しか認められておらず、要件も厳しく定められています。

会社設立後
1年目

繰延資産の償却はタイミングを見極める

創立費や開業費を使った損益管理について92ページで触れました。これらは、任意の期間で償却（費用にすること）ができる便利な繰延資産です。では、繰延資産を法人税の計算上、具体的にどのように活用できるのか確認していきましょう。

設立初年度が赤字の場合の償却方法

たとえば、開業費や創立費として合計100万円かかったとします。初年度は事業を軌道に乗せることができなかったため、税務上100万円の赤字（繰延資産償却前）となりました。当然、所得に対する税金は発生しません。このとき、開業費や創立費の100万円をすべて償却して、税務上の赤字をさらに100万円追加し、200万円の損失として申告することもできますが、あまりおすすめできません。

というのも、この200万円は繰越欠損金として、翌事業年度以降へ引き継ぐことになりますが、繰越欠損金には10年というタイムリミットがあるからです。**事業が軌道に乗るまでの赤字の期間は、繰延資産のまま償却せずに、資産に計上しておき、黒字になったときに償却して費用化する**のが得策です。

設立初年度が黒字の場合の償却方法

先ほどの例で、初年度が税務上100万円の黒字（繰延資産償却前）だった場合で考えてみましょう。法人税等の税率を仮に20％として税額を計算すると、初年度から20万円の税金をおさめる必要があります。このとき、初年度に繰延資産100万円を全額償却すると、初年度の課税所得はゼロとなり、所得に対する税金は発生しません。

では、課税所得が初年度50万円、第2事業年度100万円（繰延資産償却前）の場合はどうでしょう。初年度から繰延資産全額を償却して50万円の繰越欠損金にしておき、翌期の所得にその繰越欠損金50万円をぶつける、という方法でもよいですし、初年度に所得と同額の50万円分だけ償却して、残りの50万円を翌期に償却するという方法もあります。

繰延資産の償却について絶対的なルールはないので、経営の見通しを考えながら上手に活用しましょう。

役員給与は慎重にルールを守って支給する

大きな節税効果が期待できる役員給与ですが、損金にするためには気をつけなければならないルールがあります。

報酬変更時期に制約がある

役員給与は「定期同額給与」である場合に限り、税務上の損金とすることができます。定期同額給与とは、「毎月一定の時期に同額が支払われる給与」のことです。**役員給与の改定は事業年度開始から3カ月以内に限り可能なので、金額を変更する場合には、必ずその期間に改定をしましょう。**

たとえば、決算の間際に利益が出るからといって、急に役員給与を増額しても、増額した部分は毎月同額ではないため損金になりません。逆に、資金不足などによって期の途中で減額した場合も、毎月同額というルールから外れてしまうため、減額した部分は損金になりません。

また、**役員賞与**を支給したい場合も注意が必要です。賞与は定期同額ではないため、原則として損金になりません。ただし、例外的に「**事前確定届出給与に関する届出**」を所定の期限内に税務署へ提出すれば損金にできるので、賞与を支給したい場合は検討してみてください。

役員給与はまとめずに分散させたほうがお得

役員給与が法人の損金になる一方で、それを受け取った個人に対しては、給与所得として所得税・住民税が課税されます。法人税の実効税率は30％程度ですが、個人の所得税・住民税の税率は、15～55％と幅があります。

法人の経営の状況や将来の設備投資計画、キャッシュフローの状況、役員給与に係る社会保険料、役員個人の税負担などもあるので、いくらの役員給与額が適切であるか、長期的な観点から総合的に判断する必要があります。

なお、家族が役員として会社の経営に従事している場合には、家族に役員給与を支給して所得を分散することで、それぞれの税率を下げることができ、トータルでの節税効果が期待できます。

会社設立後
1年目

限度額に注意して交際費を損金化する

交際費は、その性質上、損金算入に一定の制限が設けられています。なお、交際費とは、**交際費、接待費、機密費その他の費用で、法人が、その得意先、仕入先その他事業に関係のある者等に対する接待、供応、慰安、贈答その他これらに類する行為のために支出する費用**のことを指します。

ただし、次の費用は交際費等から除かれます。

・専ら従業員の慰安のために行われる運動会、演芸会、旅行等のために通常要する費用
・飲食その他これに類する行為のために要する費用(その法人の役員や従業員などに対する接待等のために支出するものを除きます)で、1人当たりの金額が1万円以下（2024年3月までは5000円以下）である費用（一定の書類保存が要件になります）
・その他一定の贈与、飲食等に通常要する費用

交際費に該当するものの代表例として、取引先との宴会にかかる飲食費や、取引先へ訪

問する際に持参する手土産、取引先とのゴルフやスポーツ観戦、取引先へ支出するお見舞金やお祝い金などが挙げられます。広告宣伝費、会議費、研修費などに該当しそうな支出でも、税務上の交際費に該当することがあるので、交際費の要件を意識しておきましょう。

交際費に関する制限は資本金によって異なります。

資本金1億円以下の場合

損金となる金額は、次の①と②のいずれか多い方の金額となりますので、それを超える部分は損金不算入となります。

①交際費等のうち、飲食その他これに類する行為のために要する**費用の50％相当額**

②交際費等の額のうち、**年間800万円までの金額**

資本金1億円超100億円以下の場合

交際費等のうち、飲食その他これに類する行為のために要する費用の50％相当額が損金となり、それを超える部分は損金不算入となります。

なお、資本金1億円以下であっても、資本金5億円以上の法人の100％子会社等は、資本金1億円超の場合と同様の取り扱いになるので注意してください。

繰越欠損金を控除して税負担を抑える

欠損金とは、簡単にいうと〝税務上の赤字〟のことです。青色申告書を提出する法人の、ある事業年度の課税所得がマイナスになり税務上の欠損金が発生した場合、翌期以降にその欠損金を使うことができます。この制度によって**将来に繰り越す欠損金のことを「繰越欠損金」**といいます。

繰越欠損金は、繰越可能期間内であれば、所得金額が発生したときに順次控除することができ、将来の税負担を抑える効果があります。なお、繰越欠損金の控除方法は、法人の規模によって異なります。

資本金1億円超の法人

資本金1億円超の法人の場合は、過去10年以内に発生した繰越欠損金のうち、その事業年度の所得金額の50％までを当期の所得金額から控除することができます。

たとえば、ある事業年度に200万円の欠損金が発生し、翌事業年度の所得金額が100万円だったとすると、200万円の繰越欠損金のうち50万円（＝翌期の所得金額100万円×50％）を控除することができるので、翌期の課税所得は50万円となります。なお、控除しきれない繰越欠損金150万円は、翌々期に繰り越すことができます。

資本金1億円以下の法人

これに対し、資本金1億円以下の法人の場合は、**過去10年以内に発生した繰越欠損金のうち、その事業年度の所得金額を限度として控除することができます**。すなわち、当期の所得金額より過去10年以内に発生した繰越欠損金のほうが多い場合は、当期の所得はゼロということです。先ほどの例で考えてみると、200万円の繰越欠損金のうち翌期の所得金額と同額である100万円を控除することができるので、翌期の課税所得はゼロとなります。控除しきれない100万円は、翌々期に繰り越すことになります。

繰越欠損金と似た制度で、資本金1億円以下の法人の特典である「欠損金の繰戻還付」というものがあります。この制度は、**欠損金が生じた場合に、その欠損金額をその事業年度開始の日前1年以内に開始した事業年度に繰り戻して法人税額の還付を請求することができる**制度です。

会社設立後
1年目

資本金1億円以下に適用されるお得な特典

資本金が1億円以下の法人（大規模法人や大法人と一定の関係がある場合を除く）には、次のようなお得な規定が適用されます。

①**軽減税率**　法人税の税率（23・2％）が、年800万円までの所得に対して15％に軽減されます。

②**年800万円の交際費枠**　資本金1億円超の場合、外部との飲食代の50％が損金算入されますが、資本金1億円以下の場合、「外部との飲食代の50％」と「年間800万円」のうちいずれか多い金額までが損金に算入されます。

③**繰越欠損金の全額控除**　資本金1億円超の場合、過去10年以内に発生した繰越欠損金のうちその事業年度の所得金額の50％までを控除できますが、資本金1億円以下の場合、その事業年度の所得金額までを控除（つまり所得ゼロに）できます。

④**欠損金の繰戻還付**　青色申告書である確定申告書を提出する事業年度に欠損金額が生じ

た場合において、その欠損金額をその事業年度開始の日前1年以内に開始した事業年度に繰り戻して法人税額の還付を請求できるというもので、資本金1億円以下の法人が適用対象となります。

⑤**少額減価償却資産の損金算入**　固定資産を取得した場合、法定耐用年数に応じて減価償却を行うのが原則ですが、資本金1億円以下の法人が30万円未満の固定資産を取得した場合、年間３００万円までは、その全額を損金算入することができます。

⑥**留保金課税免除**　特定の同族会社（株主1グループで50％以上の株式保有等）が、利益を配当等せず内部留保をした場合には、課税留保金額に10～20％を乗じた金額を通常の法人税とは別に課されてしまうという制度ですが、資本金1億円以下の法人は適用対象となりません。

⑦**各種特別控除、特別償却の適用**　多くは租税特別措置法によって定められる期間限定の特例ですが、資本金1億円以下の法人のみが適用対象となっていたり、より控除額を多く取れるよう規定されていたりします。

⑧**外形標準課税の適用除外**　地方税を赤字でも課税できるように、儲け（所得）のみに課税するのではなく、報酬給与、利子、賃借料、資本金に対しても税金を課す課税方式ですが、資本金1億円以下の法人には適用されません。

社会保険の種類と加入条件

社会保険とは、健康保険や厚生年金保険、介護保険、雇用保険および労災保険の総称となります。なお、健康保険、厚生年金保険、介護保険を狭い意味での「**社会保険**」といい、雇用保険、労災保険を「**労働保険**」ともいいます。

年金事務所から届く標準報酬決定通知書

役員や正社員だけでなく、アルバイトやパートでも通常の労働者の4分の3以上働いていれば原則加入する必要があります。なお、介護保険は40歳以上が対象です。

年金事務所から、加入や保険料改定のタイミングで届く「**標準報酬決定通知書**」**に従って、毎月の給料から保険料を控除し、これに会社負担額**（**本人負担額とほぼ同額**）**を合計した金額を毎月納めます。**保険料率は加入する団体によって異なりますが、東京都の協会けんぽの場合、9・98％（介護保険適用ありの場合は11・58％）になります。

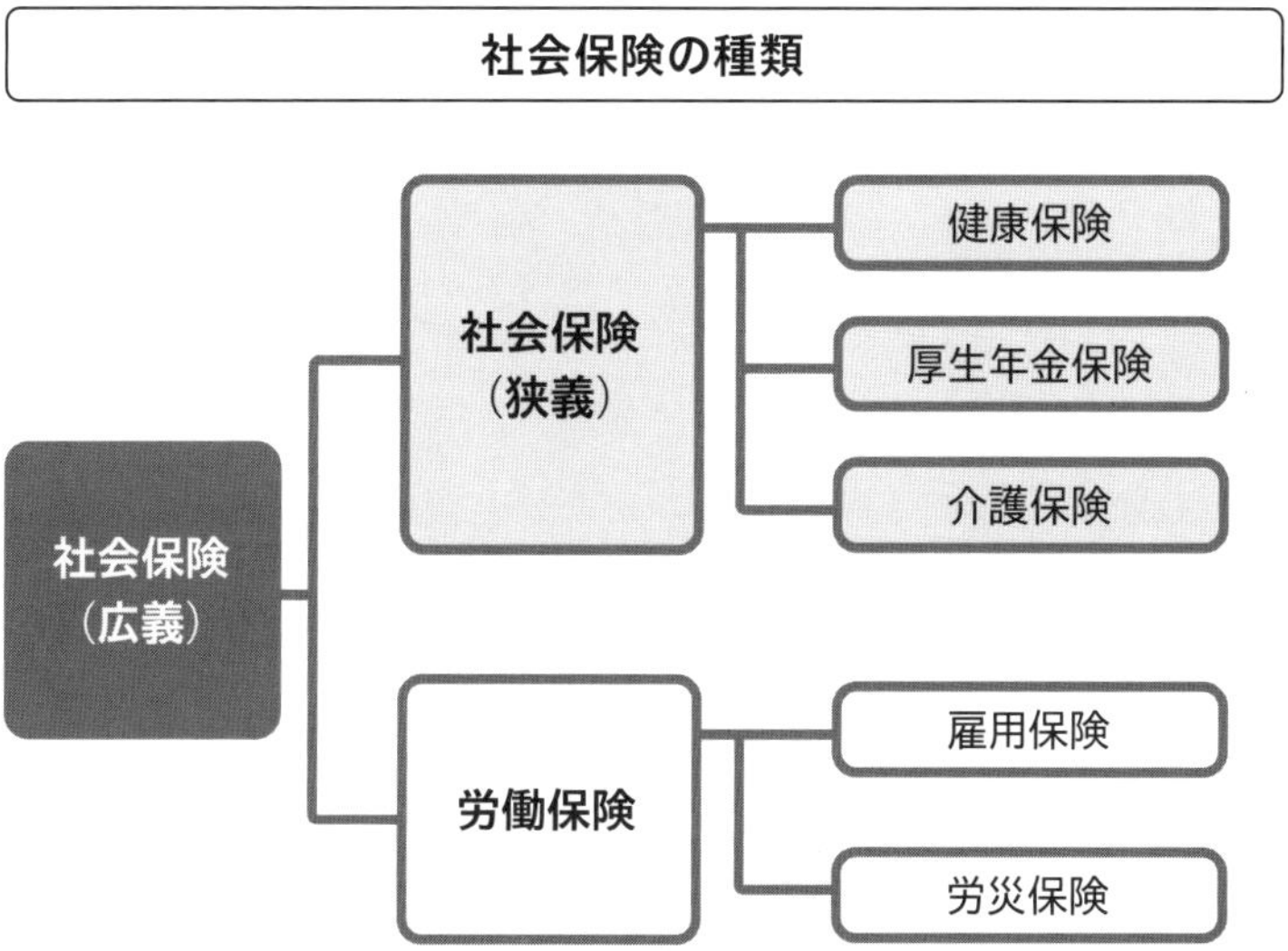

労働者が加入する労働保険

労働保険のうち、労災保険は全労働者が加入対象となり、全額会社負担になります。一方、雇用保険は加入条件を満たしたもののみが加入となり、保険料は労働者と会社、それぞれが負担します。雇用保険料は一般的な事業であれば、15・5／1000で、このうち9・5が会社負担、6が本人負担となり、本人負担分は毎月の給与から控除します。

新規に労働保険が成立した場合は、年度末分まで概算保険料として前払いで納め、その後は1年に1回、年度更新時の精算を行っていくしくみになります。

社会保険料の支払いを口座引き落としにする

給与から社会保険料を控除する際、標準報酬決定通知書に記載されている「**決定後の標準報酬月額**」を確認し、それを加入する団体の保険料額表にあてはめて、控除額を求めます。給与計算システムには、標準報酬月額を入力すると自動で控除額が計算されるものもあります。原則、**残業代などで支給額に変動があっても、毎月同額を控除する**こととなります。

社会保険料の支払いは、社会保険事務所などから届く通知に基づいて、銀行振込などで支払いますが、口座振替制度を利用して、毎月自動引き落としにすると便利です。

標準報酬月額の変更(定時決定・随時改定)

毎年7月に、4~6月の3カ月間に支払った報酬月額を加入団体に提出します。報酬総額をその期間の月数で除して得た額で標準報酬月額を決め直します。これを**定時決定**といい、その年の9月から翌年の8月まで、この標準報酬月額を使用します。

健康保険・厚生年金保険被保険者標準報酬決定通知書

事務所整理番号		事務所番号

健康保険・厚生年金保険被保険者標準報酬決定通知書

被保険者整理番号	被保険者氏名	生年月日	種別	適用年月	決定後の標準報酬月額	
					（健保）	（厚年）
1			第一種	H.30.09	410千円	410千円
5			第二種	H.30.09	280千円	280千円
7			第二種	H.30.09	260千円	260千円

また、昇給や降給により、支払われる報酬月額が大幅に変動した場合には、別途、**随時改定**という手続きが必要になります。随時改定は、残業代などの非固定的賃金を除く固定的賃金に変動があり、継続した3カ月間に支払われた報酬総額を3で除した額の標準報酬月額を従前と比べてみて、2等級以上の差が生じたときに改定します。そのほか、賞与を支払った場合には、賞与支払届等の提出と本人の給与からの控除、そして本人控除額と会社負担額を合わせた金額を納める必要があります。

まとまった金額を納める労働保険の支払い

毎月の従業員の給与計算の際、**業種に応じた雇用保険料率（一般の事業の場合は1000分の6）を「賃金総額」に乗じて保険料を計算し、給与から控除します**（労災保険料は全額事業主負担）。賃金総額とは、労働の対償として支払うものを指し、月額給与や賞与のほかにも、各種手当や残業代、通勤費なども含まれます。

なお、役員は雇用契約によって働く従業員とは異なり、委任契約のため、労働保険の対象とはなりません。

毎月納める必要のある社会保険と異なり、労働保険は年に1回（分割の場合は3回）の納付のため、まとまった金額を納めることになります。資金管理に注意しましょう。

労働保険は年度更新が必要

労働保険の年度更新は、毎年6月1日から7月10日のあいだに行います。

雇用保険率

事業の種類	保険率	事業主負担率	被保険者負担率
一般の事業	6／1000	9.5／1000	15.5／1000
農林水産 清酒製造の事業	7／1000	10.5／1000	17.5／1000
建設の事業	7／1000	11.5／1000	18.5／1000

※令和6年度

まず、前年4月から当年3月までの賃金総額を計算し、労災保険料、雇用保険料、それぞれ業種に応じた保険料率を乗じて**「確定保険料」**を計算します。

次に、当年4月から翌年3月までの賃金総額を概算で計算し、業種に応じた保険料率を乗じて**「概算保険料」**を計算します。

そして最後に、前年に納めた概算保険料と、当年計算した確定保険料・概算保険料の差額を計算して、当年に納めるべき保険料を求めます。

なお、**概算保険料額が40万円以上の場合などは、3回に分割して納めることも可能です。**

会社設立後
1年目

所得税の知識が必要となる年末調整

年末調整とは、事業主が本人に代わって給与所得者の1年間の所得を計算し、所得税を確定させる制度です。毎月の給与や賞与から源泉徴収する所得税額は概算なので、年末調整で確定した年税額との差額を本人に還付（または本人から徴収）して精算します。

基本的には、扶養控除等申告書を提出している全従業員が対象となりますが、年間の給与収入が2000万円以上あるなど、一定の場合には対象外となります。

毎年11月ごろに、対象者に対して「**扶養控除等申告書**」や「**基礎控除申告書兼配偶者控除等申告書兼所得金額調整控除申告書**」、「**保険料控除申告書**」を渡し、対象者から書類を回収する際に、社会保険料や生命保険料、前職の源泉徴収票、住宅ローン控除の資料などを受領します。

年末調整ソフトに、給与の額や、家族の情報、社会保険料、生命保険料、その他受領した情報を漏れなく入力すると、年税額と徴収過不足額などが自動で計算されるので、その金額を本人との間で精算し、源泉徴収票を交付します。
各種申告書などと一緒に、賃金台帳や源泉徴収簿など、会社として管理しておくべき書類をファイリングして7年間保存します。

年末調整後に提出すべき書類

年末調整の結果を記載した「法定調書合計表」に源泉徴収票などを添付して、1月31日までに所轄税務署に提出します。

また、役員や従業員の住む市区町村に対して、1月31日までに「給与支払報告書」を提出します。給与支払報告書とは、個人別明細書と総括表（事業所全体の個人別明細書の総括）の2つの書類から成ります。住民税の特別徴収は、この給与支払報告書をもとに、各自治体が住民税を計算します。

年末調整から法定調書合計表、給与支払報告書までの作業は、従業員が多ければ多いほど大変な作業となるので、早めの準備をおすすめします。

年末調整システムへ入力するだけとはいえ、所得税の所得計算の知識も必要になるので、不安な場合は、国税庁が開催するセミナーに参加するとよいでしょう。また、顧問税理士がいる場合は、作業をすべて依頼することも可能です。

会社設立後
1年目

法定調書の作成範囲の把握と法定調書合計表

法定調書とは、所得税法、相続税法、租税特別措置法などの規定により税務署に提出が義務づけられている資料のことをいい、現在約60種類定められています。このうち、給与所得の源泉徴収票についてはすでに説明しました。ほかにも、役員や従業員の退職時には退職所得の源泉徴収票を発行します。

また、ライターや通訳者、税理士等に対する1年分の支払額をまとめた「**報酬、料金、契約金及び賞金の支払調書支払調書**」や、不動産オーナーへの1年分の支払賃料の額をまとめた「**不動産の使用料等の支払調書**」なども代表的な法定調書です。

これらの法定調書の内容を「**法定調書合計表**」に記載し、毎年1月31日までに税務署へ提出する必要があります。法定調書合計表に添付すべき法定調書の範囲や要件などは、毎年税務署が作成する手引きで詳しく説明されているので参考にしてください。また、税理士に作成を依頼することも可能です。

法定調書合計表の主な記入内容

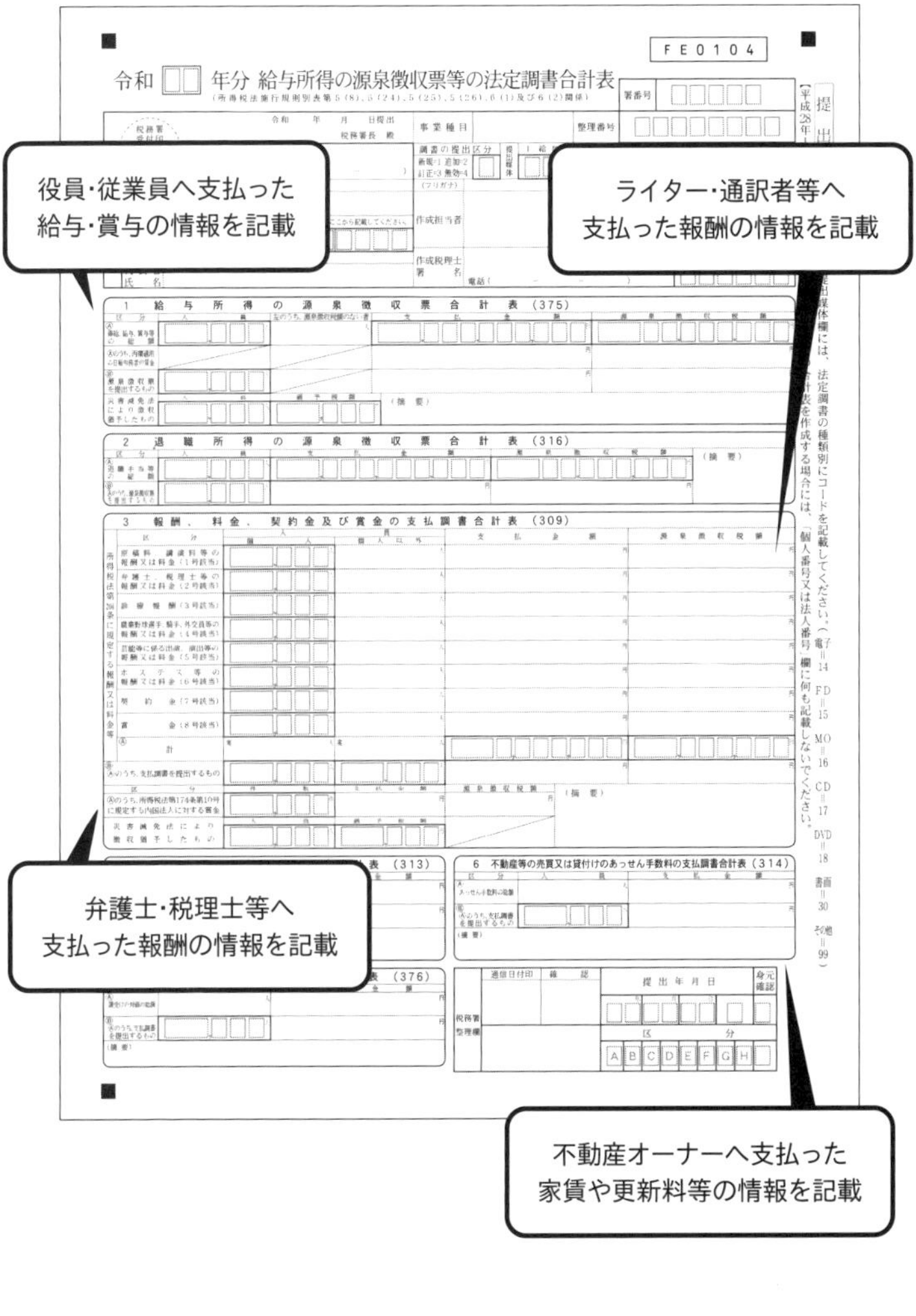

会社設立後
1年目

年1回行う償却資産の申告

償却資産とは、土地および家屋以外の事業用に供することができる資産で、その減価償却額または減価償却費が法人税法の損金に算入されるものを指します。個人で土地を購入すると固定資産税を支払いますが、法人も同様に、不動産などを所有していると、固定資産税などの支払義務が生じます。加えて、事業を行ううえで必要な資産に対しても、いわゆる償却資産税を支払う必要があります。償却資産税は固定資産税の一部です。

償却資産を所有している会社は、毎年1月1日現在に所有している償却資産の内容（取得年月、取得価額、耐用年数等）について、1月31日までに償却資産の所在する市区町村に申告します。会計ソフトに固定資産を登録しておくと、申告書の形式で印刷できます。

各市区町村が申告をもとに税額を計算し、年4回（6、9、12月および翌年2月）の分割払いで納付します。税率は自治体により若干異なりますが、**1・4%程度であり、課税標準額が150万円未満の場合は免税となります。**

償却資産の対象になる主な資産

業種	申告対象となる主な償却資産の例示
共通	パソコン、コピー機、ルームエアコン、応接セット、内装・内部造作等、看板(広告塔、袖看板、ネオンサイン)、LAN設備等
製造業	金属製品製造設備、食料品製造設備、旋盤、ボール盤、梱包機等
印刷業	各種製版機及び印刷機、断裁機等
建設業	ブルドーザー・パワーショベル・フォークリフト等の土木建設車両(軽自動車税の対象となるべきものを除く)、大型特殊自動車等娯楽業
娯楽業	パチンコ器、ゲーム機、両替機、カラオケ機器、ボウリング場用設備等
料理飲食店業	テーブル、椅子、厨房用具、冷凍冷蔵庫、カラオケ機器等
小売業	陳列棚・陳列ケース(冷凍機又は冷蔵機付きも含む)等
理容・美容業	理容・美容椅子、洗面設備、消毒殺菌機、サインポール等
医(歯)業	医療機器(レントゲン装置、手術機器、歯科診療ユニット、ファイバースコープ等)等
クリーニング業	洗濯機、脱水機、乾燥機、プレス機、ボイラー、ビニール包装設備等
不動産貸付業	受変電設備、発電機設備、蓄電池設備、中央監視設備、門・塀・緑化施設等の外構工事、駐車場等の舗装等
駐車場業	機械式駐車設備(ターンテーブルを含む)、舗装路面等
ガソリンスタンド	洗車機、ガソリン計量器、独立キャノピー、防壁、地下タンク等
ホテル・旅館業	客室設備(ベッド、家具、テレビ等)、厨房設備、洗濯設備、音響設備、放送設備、家具調度品、駐車場設備等

出所:東京都主税局ホームページより編集部作成

事業年度が終了したら決算書類を作成する

事業年度が終わったら決算の準備をしなければなりません。基本的には、**決算終了日の翌日から2カ月以内（申告期限の延長をしている場合は3カ月以内）に次の書類を作成し、税務署に提出します。**

・法人税申告書

所轄税務署宛に法人税の申告書を作成します。別表一（一）、一（一）次葉・二・四・五（一）・五（二）は必須です。その他、該当がある別表の作成をします。なお、法人税申告書には地方法人税の申告も含まれています。

・地方税申告書

都道府県と市町村宛に地方税の申告書を作成します。都道府県は六号様式、市町村は二十号様式が必須となります。なお、都道府県に対する税金には法人住民税・法人事業税がありますが、様式は同じ六号様式を使用します。また、東京特別区の場合は、市町村宛の申告書は必要ありません。

・消費税申告書

所轄税務署宛に消費税の申告書を提出します。仕入税額控除の計算方法によってフォーマットが違いますので注意しましょう。なお、免税事業者の場合は、申告不要です。

・決算書

貸借対照表、損益計算書、株主資本等変動計算書、個別注記表を作成します。

・勘定科目内訳書

決算書に記載した各勘定科目の内訳を記載し、作成します。

・法人事業概況説明書

事業の概況や、一定の決算数値を記載し、作成します。

・納付書

納税がある場合には、納付書に税額を記載したものを金融機関に持ち込むか、インターネット上で、申告期限までに納税します。納税額の漏れがないよう注意してください。

これらの書類は、会計・税務の知識がないと、自分で作成するのは非常にむずかしいので、できれば税理士に依頼したほうがよいでしょう。税理士に頼めば、すべて作成してもらえるので、安心して通常業務を行えます。

会社設立後
1年目

会社設立後1年目の納税カレンダー

設立1期目と2期目以降では、納めるべき税金の種類がまったく異なるので、違いを理解しておきましょう。**1期目に納めるべき税金の種類は限定的で少ないのに対し、2期目から急に増える**印象を受けるでしょうから、あらかじめ概要を把握しておくと安心です。

設立初年度は税負担がない

設立初年度は、法人税、法人事業税、法人住民税、消費税、固定資産税、事業所税の納税義務が発生しません。これらの税金は、事業年度が終わってからはじめて課税所得を計算して納税額が決まるからです。そのため、事業年度が終了する前に税金が発生することはありません。固定資産税は1月1日現在の所有資産をもとに、4~5月頃に納税通知書が届きます。

なお、消費税だけは課税期間の短縮（110ページ参照）を選択した場合に限り、1期目から納税義務が生じる可能性はあります。ただし、通常、消費税の課税期間の短縮は、消費税が大幅に還付になる会社が、還付のタイミングを早める目的で行うものですので、納税ではなく還付となるケースがほとんどです。

したがって、これらの税金は、1期目には納税の必要がなく、2期目から納税する必要がある、ということを覚えておけば問題ありません。

源泉所得税と住民税は初年度から納付する

設立初年度から納めなければいけないのは、源泉所得税（61ページ参照）と住民税の特別徴収（108ページ参照）です。

いずれも給与や外注費などの支払時に本人から徴収し、本人に代わって会社が、国や地方自治体へ納める税金です。原則として、徴収した月の翌月10日が支払期限となります。源泉所得税のうち、給与など一定のものについては半年分をまとめて納付できる納期の特例制度があり、この適用を受ける場合は1〜6月分を7月10日までに、7〜12月分を翌年1月20日までに納付する必要があります。

設立初年度は納付すべき税金が少ないのに対して、翌期（210ページ参照）からは急に増えるので、心の準備とお金の準備をしておきましょう。

会社設立後1年目の納税カレンダー

設立初年度は納付する必要のない税金

- 法人税
- 法人住民税
- 法人事業税
- 消費税
- 事業所税

※いずれも事業年度終了後(翌期)に支払義務が発生する
※固定資産税は、設立初年度から納付義務が生じる可能性がある

設立初年度から納税が必要になる税金

源泉所得税

[原則]
徴収した月の翌月10日までに納付

[納期の特例]
1〜6月までに徴収した分を7月10日までに納付
7〜12月までに徴収した分を翌年1月20日までに納付
※給与、退職所得、税理士報酬など対象になるもののみ

個人住民税

給与支給時に天引きし、翌月10日までに納付

会社設立後
1年目

電子で納税を済ませれば簡単

納税をする場合、申告↓納付書の記入↓金融機関で納税という流れを辿ります。したがって、申告をしたら完了ではなく、そこから納付書を持って金融機関にわざわざお金を払いに行かなければなりません。特に月末などは金融機関が大変混雑しています。長時間待たされることもあるでしょう。また、営業時間内に行くことができなければそもそも納税をすることができません。期限までに納税できなかった場合、延滞税や不納付加算税などの罰則的な税金を追加で支払うことになります。そういったことにならないよう、ここではそれを避けるための方法を3つ紹介していきます。

①ダイレクト納付をする

国税・地方税共にダイレクト納付という方法を選択することができます。ダイレクト納付は文字通り、税金を自社口座からダイレクトに引き落としをするものになります。口座を登録しておけば、あとは引き落とす日を指定すればＯＫですのでかなり楽になります。

ダイレクト納付を受けるためには、国税については、「国税ダイレクト方式電子納税依頼書兼国税ダイレクト方式電子納税届出書」に、地方税については「地方税ダイレクト納付口座振替依頼書」に口座情報の記入と銀行印を押印して、国税は所轄の税務署、地方税は登録した金融機関に提出します。

②ペイジーで納税をする

申告が完了しましたらイータックス・エルタックスにログインして、該当する申告の納付情報発行依頼をするとペイジー番号を取得することができます。そのペイジー番号をネットバンク等に入力すれば該当する税金の納付を行うことができます。

③クレジットカードで納税をする

クレジットカードも②と同様の手順で進み、クレジットカードで納付するを選択することで納税をすることができます。ただし、1万円あたり76円(税抜)の手数料がかかります。

3

会社設立後

2年目・3年目の税務

会社設立後
2～3年目

会社設立後2年目は節税対策も考える

開業前、頭のなかで何度もシュミレーションし、練りに練った事業計画を立て、「これはいける」と踏んで会社を興す人が多いでしょう。しかし、1年経過すると、このバラ色のストーリーが本当だったのか否か、数値として結果が出てしまいます。想定よりもよい場合もあるでしょうし、見積もりが甘く、これからどうしようかと不安になってしまうようなケースもあるでしょう。

2年目以降は、当初の計画と1年目の実際の数値との乖離を分析し、よい点と悪い点を検討、改善していきます。とはいえ、1年目の成績がよくても悪くても、まずは売上の拡大を目指すことになります。売上1000万円の会社がどんなにがんばっても叩き出せる利益は限定的ですが、売上1億円の会社の場合は、売上1000万円の会社が必死で生み出した利益をいとも簡単に出せる可能性を秘めています。

一方で、矛盾するようですが、会社はやみくもに売上を上げること自体が目標ではなく、いかに利益を出し、会社にお金を残していくかが求められます。がんばって生み出された**利益が税金でごそっと持っていかれないよう、税金のしくみを知り、節税についても考えていかなければなりません。**

事業の幅を広げるための資金繰りを考える

また、資金繰りについてもよくよく考えていく必要があります。会社が動き出すと、売上代金の入金があり、その後仕入代金を支払い、さらにそのあとに給与も支払うなど、一定のサイクルが確立されていきます。売上、仕入、給与が毎月同じ金額であれば問題なく回っていきます。しかし、**会社を大きくしようと売上代金の大きい会社と新規取引を始めた際に、その会社からの入金のタイミングが既存の会社よりも遅かったとすると、途端に仕入代金や給与を支払えないということになってしまいます。**売上自体は大きくなり理論上は利益も出るはずなのに、資金ショートで倒産してしまうこともあり得ます。

また、何か目新しいビジネスを始めたり、また、効果的な新しい設備投資をしたいというときに資金がないと、ビジネスチャンスをつぶしてしまいます。このようなことが起きないように、先々の資金繰りの見通しを立て、何かあった際には融資を受けられるような金融機関とのコネクションづくりなども2年目以降は重要な課題となってきます。

会社設立後
2〜3年目

前期の年税額によっては中間納税が生じる

1年目の申告・納付が終わったあとは、翌年の申告までしばらく納税のことを考えなくてもよいかというと、そうではありません。というのは、「**中間納税**」というものがあるからです。中間納税はすべての法人が対象になるわけではなく、直前期の年税額が一定額以上である場合、納税義務が生じます。

納税がむずかしい場合は仮決算も可能

法人税の場合は、前期の法人税の年税額が20万円を超える場合に納税義務が発生します。

前期が赤字の場合は税額が発生しないので当期の中間納税は不要です。中間納税額は、前事業年度の法人税額の2分の1で、これを事業年度開始後6カ月経過日から2カ月以内に納付する必要があります。つまり、その事業年度開始日から8カ月後が納期限です。

もし、前事業年度がたまたま儲かり、その2分の1を納税するのが厳しい場合は、当期の上半期である6カ月間を1事業年度とみなして決算を組んで申告してもよいです。なお、このやり方を「**仮決算**」といいます。法人住民税（法人都道府県民税、法人市町村民税）、法人事業税等の地方税は法人税に連動しているため、法人税に中間納税の義務がある場合、地方税も中間納税義務があることになります。

年税額によって異なる消費税の中間納税回数

消費税は、少し細かく分かれています。**前期の消費税の年税額（国税分である6・3％部分）が48万円超400万円以下の場合は、年1回中間納税があります。**年400万円超4800万円以下の場合は年3回、年4800万円超の場合は年11回の中間納税となります。よって、年48万円以下の場合、中間納税はないということになります。

消費税も法人税同様、仮決算をすることも可能です。納付のタイミングは、年1回の場合の法人税と同様、中間申告の対象となる課税期間の末日から2カ月後です。年1回を例にとると、その事業年度開始日から8カ月後になります。年11回の場合は、少しイレギュラーな部分もあるので、国税庁のホームページなどで確認してみてください。

会社設立後
2〜3年目

インボイス発行事業者になるか、消費税免税を貫くか

これまで、「会社を設立後、2年間は消費税を納めなくてよい」といわれていましたが、2023年10月1日に導入されたインボイス制度によって大きく様変わりしました。

設立時よりインボイス発行事業者になる場合

初年度から消費税の申告納税義務が発生します。

なお、2023年10月1日から2026年9月30日までに属する課税期間は、**「2割特例」という「仮受消費税額の2割相当額」の税負担とすることができる制度を適用できます**。原則的に計算した金額と2割特例の金額とを比較していずれか少ないほうを納税額とすることができます。ただし、資本金1000万円以上の法人や、基準期間（前々期）の課税売上高が1000万円を超える法人、特定期間（前期の上半期）における課税売上高と給与等の支給額の両方が1000万円を超える法人などは2割特例の適用対象外です。

免税事業者となることができる場合

次の要件を満たす場合は、消費税の申告納税義務が免除されます。

・設立時の資本金の額が1000万円未満（3期目以降は要件から除外）
・基準期間（前々期）における課税売上高が1000万円以下
・特定期間（前期の上半期）における課税売上高と給与等の支給額のいずれか、または両方が1000万円以下

このとき、事業年度が12カ月でない場合は、基準期間や特定期間の判断の際、一定の調整を加える必要があります。

「消費税免税」と聞くと一見お得に感じるかもしれませんが、取引先の税負担が増える可能性があり、それによって取引先から「免税事業者と取引するのはやめよう」と判断されてしまうリスクもあります。一般消費者向けの小売業などの場合は、インボイスの発行を求められることは少ないかもしれませんが、**企業向けに事業を展開する場合は、インボイスの発行を求められる可能性が非常に高い**といえます。インボイス登録事業者となるか、免税事業者のまま事業を始めるか、取引先への影響を考えながら慎重に判断しましょう。

会社設立後
2~3年目

会社設立後3年目の消費税の納税義務は基本的に避けられない

消費税の納税義務の発生のしくみを16ページで紹介しました。その会社の売上や給与、資本金の額にもよりますが、一般的には3期目から納税義務が発生する会社が多いといえます。では、消費税とは具体的に、誰がどのように負担すべき税金なのか、その概要を考えてみましょう。

消費税は「消費者」が負担すべき税金

消費税の課税対象は、すべての財貨・サービスの国内における販売・提供などです。これらの**消費者が税の負担をしますが、消費税を実際に国へ納税するのは事業者です**。ですので、消費税は実質負担者と納税義務者が異なる「**間接税**」と呼ばれる税金となります。

消費税の納税義務者は事業者で、事業者の売上に対して課税されます。各事業者の売上だけに課税していると、すべての商取引に何重にも課税してしまうことになるため、**消費**

消費税のしくみ

【消費者が税込11,000円の服を買った場合】

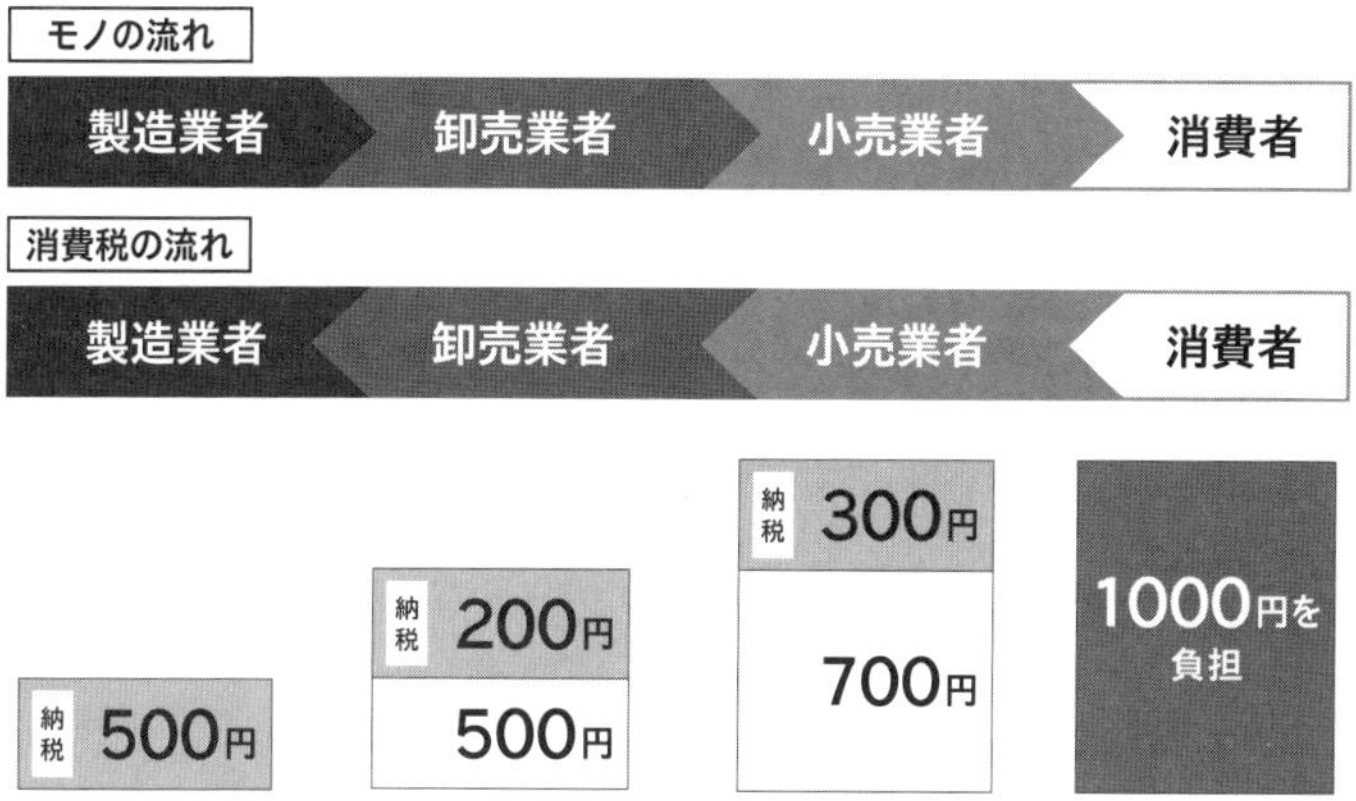

※消費税率10%で計算

税の申告書において仕入にかかる消費税額を控除することができ、それぞれの事業者は差額を納付します。

つまり、事業者が消費者から消費税（仮受消費税）を預り、事業者が支払った消費税（仮払消費税）を控除し、これらの差額を納付するというしくみになっています。事業者は、預かった消費税と支払った消費税の差額を納税するだけですが、なるべくならその負担を軽減したいものです。なお、消費税の納税については、152ページ以降で紹介するように、事業者に選択権が与えられている制度もあります。会社の事業の状況などを考慮しながら、一番有利な方法を選んでいきましょう。

会社設立後
2〜3年目

消費税の届出書は名称と提出期限に注意

法人設立後、免税事業者のままでいる場合、消費税関係の届出書を提出する必要はありません。逆に、インボイス発行事業者になる場合などは設立初年度から手続きが必要です。消費税関係の書類は名称が似通ったものがあり紛らわしいので、代表的なものについて、その内容を紹介します。

・適格請求書発行事業者の登録申請書

設立初年度からインボイス発行事業者となる場合は、期末までに税務署へ「適格請求書発行事業者の登録申請書」を提出（詳しくは52ページ参照）します。事業がスタートすると、取引先へ発行する請求書に「インボイス番号」を記載する必要がありますので、法人設立後、遅滞なく申請書を提出するのが一般的です。

・消費税課税事業者届出書

免税事業者が課税事業者になる場合に提出する届出書ですが、提出しなくてもお咎めはありません。課税事業者になるタイミングでインボイス発行事業者になりたい場合は、本届出書の提出は不要で、課税事業者となる事業年度の初日の15日前の日までに「適格請求書発行事業者の登録申請書」を提出します。

・消費税課税事業者選択届出書

免税事業者が、納税義務者になることを自ら選択するための届出書です。２０２３年10月１日から２０２９年９月30日までの日の属する課税期間中に「適格請求書発行事業者の登録申請書」を提出する場合には、本届出書の提出は不要です。

・消費税簡易課税制度選択届出書

簡易課税の選択をする場合に提出します。設立初年度の期末日までに提出すると、設立初年度から簡易課税が適用されます。なお、卸売業以外の業種の場合、２割特例が受けられる期間は簡易課税を選択しないほうが有利なことがあるので、提出するか否か慎重に検討しましょう。

いずれの申請書・届出書にも提出期限がありますので、適用を受けるためにはいつまでに提出が必要か、事前に確認しておきましょう。また、制度の適用を取りやめたい場合にも手続きをする必要があります。

会社設立後
2~3年目

売上計上のタイミングで消費税の免税期間を長くする

節税度
★★★★★

消費税の免税事業者となるための要件について、16~19ページで詳しく紹介しました。ここでは、インボイス登録をせず、免税期間を長くするための方法を紹介します。

第3期目以降は、基準期間（前々期）の課税売上高が1000万円以下で、かつ、特定期間（前期の上半期）の課税売上高（または給与の額）が1000万円以下であれば、免税事業者となることができます。

課税売上高が1000万円以下なら免税事業者になる

たとえば、資本金が1000万円以上などの理由で、第1期と第2期について免税事業者になれなかったとしても、第3期目においてこれらの要件を満たすことができれば、第3期目から免税事業者になれる可能性があるのです。

第3期目以降を免税事業者にしたいのであれば、

①前々期の課税売上高を税込1000万円以下にする

②前期の上半期の課税売上高か給与の額を1000万円以下にする（いずれかでOK）

という2つの条件が必要となります。これらのうち、どちらか1つでもクリアできなければ、課税事業者になってしまいます。

このうち、②の給与の額については、比較的容易に条件をクリアできるかもしれませんが、①の課税売上高を1000万円以下にする、という条件をクリアするのは、なかなか容易ではありません。

前々期の課税売上高が1000万円前後の場合、期末の売上をずらして1000万円以下にすればクリアできますが、売上の計上のタイミングは、82ページで紹介したとおり、「発生主義」によって行わなければならないので注意が必要です。たとえば、期末間際に予定されていた相手先からの代金の入金を翌期にずらしたとしても、売上の計上には影響しません。**売上計上のタイミングは、代金を受け取ったときではなく発生主義によって判断しますので、このような操作をしてもまったく意味がないのです。**ずらすのであれば、納品日を遅らせたり、役務提供の作業完了日を延期して翌期にする必要があります。

期末間際に課税売上高がちょうど1000万円を超えてしまいそうな場合には、税務上の要件を確認して、翌期に売上を計上することを検討してみてもよいでしょう。

会社設立後
2〜3年目

消費税の簡易課税を使って節税効果を狙う

節税度
★★★☆☆

消費税の納税額は、預かった仮受消費税額から支払った仮払消費税額を控除して計算します。このとき、**控除できる仮払消費税額は、実際に会社が支払った金額を全額控除できるわけではなく、仮払消費税額に「課税売上割合」を乗じて計算します。**課税売上割合とは、売上全体に占める、消費税が課される売上高の割合のことをいいます。

たとえば、仮受消費税額100万円、仮払消費税額50万円、課税売上割合80％の場合、控除できる仮払消費税額は40万円（50万円×80％）となり、納税額は60万円（100万円－40万円）となります。

簡易課税制度でお得になることもある

例外的な計算方法として、簡易課税制度があります。これは、業種ごとに定められた「**みなし仕入率**」を、仮受消費税額に乗じて納税額を計算する方法です。

みなし仕入率

第一種事業（卸売業）	90%
第二種事業（小売業）	80%
第三種事業（製造業等）	70%
第四種事業（その他の事業）	60%
第五種事業（サービス業等）	50%
第六種事業（不動産業）	40%

※2019年10月1日を含む課税期間（同日前の取引は除く）から、第三種事業である農業、林業、漁業のうち消費税の軽減税率が適用される飲食品の譲渡を行う事業を第二種事業とし、みなし仕入率は80%が適用される

たとえば、先ほどの会社が卸売業だった場合、第一種事業に該当するので、みなし仕入率が90％になります。そうすると、納税額は10万円（100万円－100万円×90％）となります。ですので、簡易課税のほうが50万円お得ということになります。

簡易課税の適用を受けるためには、基準期間における課税売上高が5000万円以下などの条件を満たす必要があるほか、原則として前事業年度の末日までに「**消費税簡易課税制度選択届出書**」を提出する必要があります。

また、簡易課税を一度選択すると、2年間の継続適用が必要となることも注意が必要です。

会社設立後
2〜3年目

原則課税と簡易課税 有利なほうを選択する

節税度
★★★★★

原則課税と簡易課税の有利不利の判定は、直近の貸借対照表などを参考にしながらシミュレーションを行い、そこに将来の見込みなどを加味したうえで決定します。

原則課税と簡易課税の計算

まず、次の手順で原則課税の納税額を確認します。

①課税売上の金額に適用される消費税率を乗じて、仮受消費税額を計算します。
②課税売上割合を計算します。
③仕入・経費総額から、役員給与や給与手当、法定福利費、租税公課、保険料、評価損益など、消費税の課税対象とならないものを除いた金額に消費税率を乗じて、仮払消費税額を計算します。
④仮受消費税額から仮払消費税額に課税売上割合を乗じた金額を控除して、納税額を算定

します。

次に、簡易課税の場合の納税額を計算します。こちらはとても計算しやすく、先ほどの①で求めた仮受消費税額から、仮受消費税額にみなし仕入率（154ページ参照）を乗じた金額を控除した差額が納税額となります。

納税額が変わらなければ簡易課税を選んでもよい

簡易課税は2年間の継続適用が義務づけられているので、このシミュレーションは、2年分の予測を立てて判断する必要があります。

実際に計算してみるとわかるのですが、みなし仕入税率表は大変よくできています。業種ごとの実態を反映しているので、計算の結果、原則課税でも簡易課税でも大して変わらないことがあります。

原則課税は、仮受消費税・仮払消費税・課税売上割合を認識する必要がある一方、簡易課税は仮受消費税だけを把握しておけばよいため、納税額を予測しやすいメリットがあります。あまり納税額が変わらなければ、手間を考えて簡易課税を選ぶのもよいでしょう。

また、2023年10月1日から2026年9月30日の属する課税期間については、「2割特例」の適用可否も検討するとよいでしょう。

会社設立後
2~3年目

消費税制度に課されている2年縛りに注意する

消費税課税事業者選択届出書（158ページ参照）や消費税簡易課税制度選択届出書（158ページ参照）を提出した場合、最低2年間は継続しなければならないという、2年縛りの制度があります。この2年縛りについてどのような注意をすればよいのか、具体的に考えてみましょう。

設立初年度は、売上が伸び悩むなか、内装工事や器具備品の購入、ホームページの開設など何かと出費がかさみます。あえて課税事業者を選択することによって、消費税の還付を受けることができるので、一見お得そうに見えますが、すぐに飛びついてはいけません。2年間の継続適用が必要であるということは、翌期も有無をいわさず課税事業者になってしまうことを意味します。**翌期は売上が大きく伸び、初年度とは収支のバランスが変わって多額の納税が必要になるかもしれません**（なお、課税事業者選択届出書を提出せず、インボイス登録をして「2割特例」の適用対象となる場合は、初年度に還付を受け、翌期に

2割特例を受けることができます）。

ですので、課税事業者のほうがお得かどうかは、2年間をセットで考える必要があるのです。また、消費税の申告義務が発生すると、会計上で消費税区分を正確に認識する必要があったり、申告書作成業務を税理士に依頼するなど、別の費用がかかることにも留意しておきましょう。

課税方法は収支が安定したら見極める

事業を安定的に運営できるようになるまでは、原則課税か簡易課税のどちらを選べばお得か判断するのは困難かもしれません。というのも、会社を設立してからしばらくのあいだは試行錯誤の時期が続くので、将来の見通しが立たないことや見通しどおりに行かないことが多いのです。簡易課税がお得かどうかの計算は、売上や仕入、経費、課税売上割合など、多くの要素を総合的に把握する必要があります。**2年間の継続適用のことを考えると、ある程度収支が安定してきてから正確な見積もりを行う**のが得策かもしれません。

これらの選択届出書を提出する場合には、2年間という長期の収支見込みや投資計画などを考えて判断することが肝心です。もし判断に迷ったときは、税理士に相談してもよいでしょう。

会社設立後
2〜3年目

経営に余裕がでてきたら節税を考える

会社の設立時は何かとバタバタしているのではないでしょうか。2年目・3年目になって少し落ち着いてきたころから、節税についても向きあっていくとよいでしょう。

節税の種類

節税は大きく区別すると次の2つに分けられます。

・キャッシュアウトのない節税
・キャッシュアウトのある節税

当然、キャッシュアウト（支出）のない節税のほうがよいのですが、非常に種類が少なく、かつ、効果も限定的です。大きく節税するとなれば、キャッシュアウトは避けられません。ただし、キャッシュアウトのある節税のほとんどは、いずれ取り戻されてしまうものになります。つまり、当期の税金は少なくなったけど、来期の税金はその分多くなるような

節税の分類

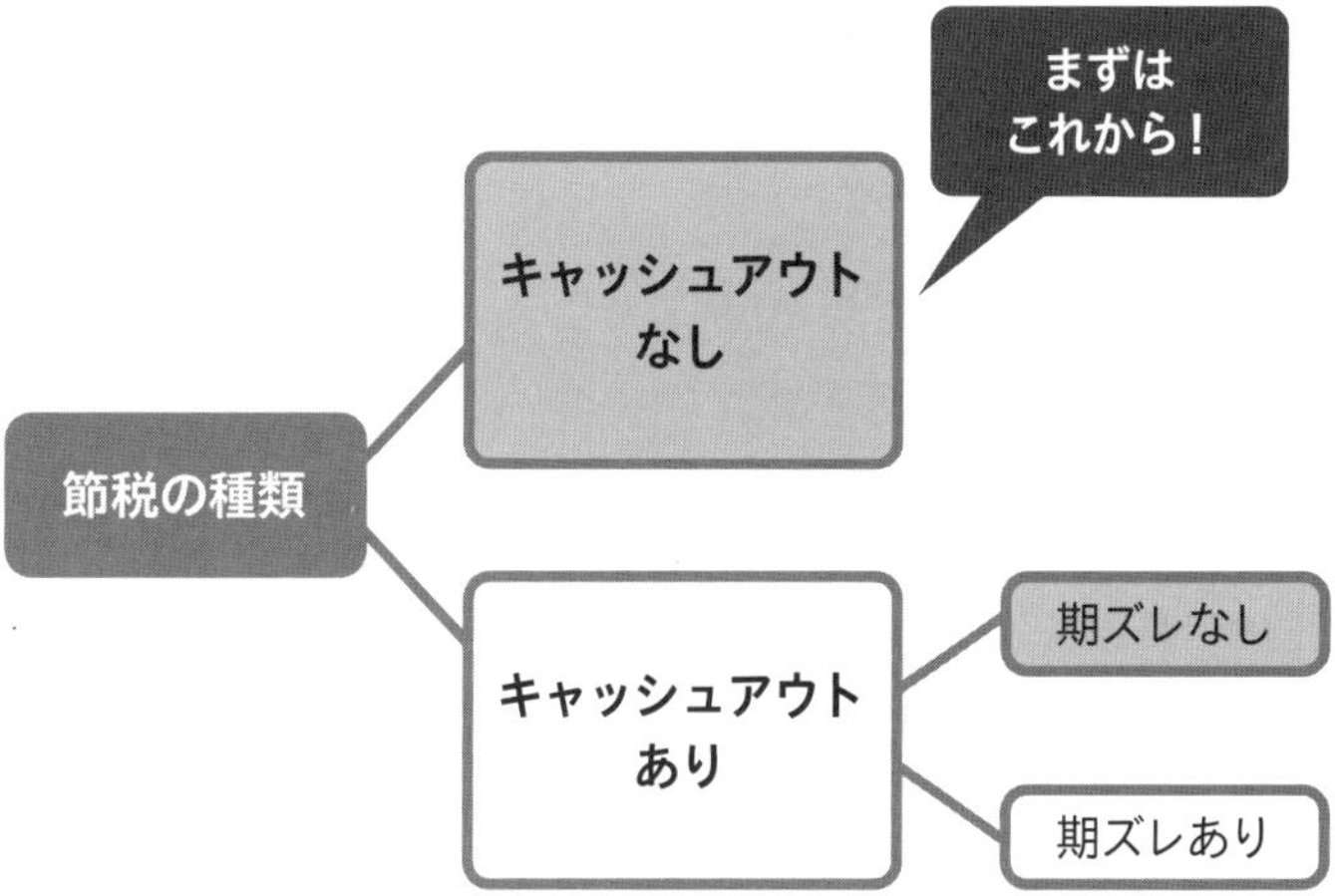

イメージです。このような節税を「**期ズレ**」といいます。期ズレは、その場は得した気分になりますが、将来的には取り戻されてしまうものだということを忘れないようにしてください。

これから、いくつかの節税策を紹介しますが、これらがすべてではありません。ただし、押さえておくべきものはすべて紹介してあるので、まずはここから始めてみることをおすすめします。

なお、税務上の取り扱いを理解していないと節税の意味がなくなってしまうこともあるので、必ず税理士に相談しながら対策を練っていきましょう。

会社設立後
2~3年目

承認されるとお得な青色申告の特典

節税度
★★★★★

青色申告とは、40ページでも説明したように、各種特典を受けるために必要な書類のことです。**法人の確定申告には、青色と白色の2種類があり、何もしないと白色申告、申請をして承認されれば青色申告となります。**

青色申告にはどのような特典があるか

それでは、青色申告と白色申告では何が違うのでしょうか。端的にいうと、青色申告には税金がお得になる特典があります。具体的には、次の4点です。

・欠損金の繰越控除

過去に生じた欠損金を翌年以降に繰り越せる権利になります。仮に当期の黒字が200万円、前期の赤字が150万円の場合、当期の黒字から前期の赤字を控除した50万円を当期の所得金額とすることができるので、その分税金が少なくなります。

・特別償却、割増償却

白色申告の場合は通常の減価償却費しか費用にすることができませんが、一定の場合、青色申告では**通常の減価償却費にプラスして減価償却費を計上することができます。**

・税額控除

一定の支出があった場合、その金額×○％のように計算した金額を、当期の税額から直接控除することができます。

・推計課税されない

白色申告の場合、税務調査で調査官が「勝手に推計して」利益を計算することができます。これはかなり怖い制度です。ですが、青色申告の場合は推計課税ができません。

提出期限を忘れずに

青色申告の承認を受けるためには、「**青色申告承認申請書**」を所轄税務署長に提出する必要があります。**新設法人の場合は、設立後3カ月以内もしくは設立事業年度終了日のいずれか早い日の前日まで、2期目以降の場合は、適用を受けようとする事業年度開始日の前日までが提出期限となる**ので、忘れずに提出しておきましょう。

なお、提出後に税務署から何も連絡がなければ、自動的に承認されたことになります。

会社設立後
2〜3年目

旅費規程を策定し非課税所得を増やす

節税度
★★★★★

出張に行くと、交通費や宿泊費など、さまざまな経費が発生します。これらの経費は原則として実費になりますが、**旅費規程を策定している場合、自社のルールによって次のものを経費とすることができます。**

出張が多ければ旅費規程を策定する

・日当

出張時には食事代などの支出があると考えられることから、その**実費弁済的な意味合いで日当が認められています。**日当は、日単位で支払われるので、1泊2日であれば2日分の日当を計上することになります。

なお、日当は消費税の課税仕入に該当し、かつ、受け取った個人の課税所得になりません。

・宿泊費

日当・宿泊費のメリット

- **定額を無条件で損金にできる**
- **消費税の課税仕入にできる**
- **個人の所得にならないため、税金・社会保険料に影響を与えない**
- **事務の効率化が図れる**

まずは旅費規程を策定してみましょう

ホテル代等の宿泊費を実費ではなく定額にすることができます。仮に、宿泊費を1万円に設定していた場合、実際の宿泊費が6000円であったとしても1万円が宿泊費として経費になります。なお、設定金額よりも実費のほうが高い場合、正当な理由があれば実費精算によることも可能です。

このように日当・宿泊費はメリットが多いため、出張が多い場合は旅費規程を策定しておくことをおすすめします。旅費規程の記載事項は、「規程の目的」「適用範囲」「出張の定義」「旅費の種類と金額」などになります。インターネットで検索すると、テンプレートが出てくるので、それらを自社に合ったかたちにカスタマイズして利用するとよいでしょう。

会社設立後
2〜3年目

社宅規程を策定して自宅を経費にする

節税度
★★★★☆

「社宅」と聞くと、大企業を想像する人もいるかもしれません。しかし、**会社が住宅を借りてきて、その住宅を役員または従業員に貸し付けることで社宅とすることができます。**

社宅の処理は、まず会社が貸主に賃料を支払い、地代家賃等として経費にします。そして、入居者から受取賃貸料として一定の賃料を受け取ります。**支払った賃料と受け取った賃料との差額が、会社の損金になります。**

社宅制度を採用する場合、社宅規程を策定する必要があります。こちらも出張規程と同様に、テンプレートを入手して自社に合ったカスタマイズを加えるとよいでしょう。

賃料は実際の20%をめやすにする

社宅制度を導入した場合、問題となるのは入居者から受け取る賃料です。この金額が少な過ぎると、給与として課税されてしまう可能性があるので注意してください。税務署に

絶対に否認されないラインとしては賃料の50％相当額になりますが、これではメリットが少ないので、以下の算式によることも検討してみてください。

①その年度の建物の固定資産税の課税標準額×0・2％
②12円×その建物の総床面積（㎡）÷3・3（㎡）
③その年度の敷地の固定資産税の課税標準額×0・22％
①から③の合計額が賃料相当額となります。

一度計算してみるとわかりますが、この金額は実際の賃料に対してかなり低くなる傾向にあります。おおよそ、賃料の10～20％程度でしょうか。

実際の賃料とこの金額との差額は給与にならないので、所得税は課されません。仮に、実際の賃料との差額が5万円であった場合、毎月5万円の給与を受け取っているのと同じ意味合いになりますが、それに係る税金はかからないことになります。**給与としてもらうよりもお得になるので、賃貸に居住されている場合は検討してもよいでしょう。**

なお、社会保険料については別の計算があり、あまりに低すぎる賃料の場合は社会保険料が上がる可能性があるので注意してください。

会社設立後
2〜3年目

給与を増額して税額控除を受ける

節税度
★★★★★

賃上げをためらう経営者も多いでしょうが、**一定の賃上げをした青色申告の適用を受ける事業者に対して税額控除が認められています。**税額控除は税額から直接控除することができる金額なので、非常に有利な制度です。使える場合は、ぜひ利用したいものです。法人の規模によって要件が異なりますが、本書では中小企業者等（資本金が1億円以下などの一定の法人）がこの制度を受けるための要件と効果を簡単に説明します。

- **増加率が1・5％以上**
- **増加した金額の15％を税額控除（一定の要件を満たす場合には45％）**

仮に、300万円増加した場合は、300万円×15％＝45万円の税額控除となります。ただし、当期の法人税額の20％が控除限度額となるので、仮に、法人税額が100万円だった場合、100万円×20％＝20万円と、45万円とのいずれか少ない金額となり、20万円が控除額となります。

賃上げ促進税適用の条件（中小企業者等の場合）

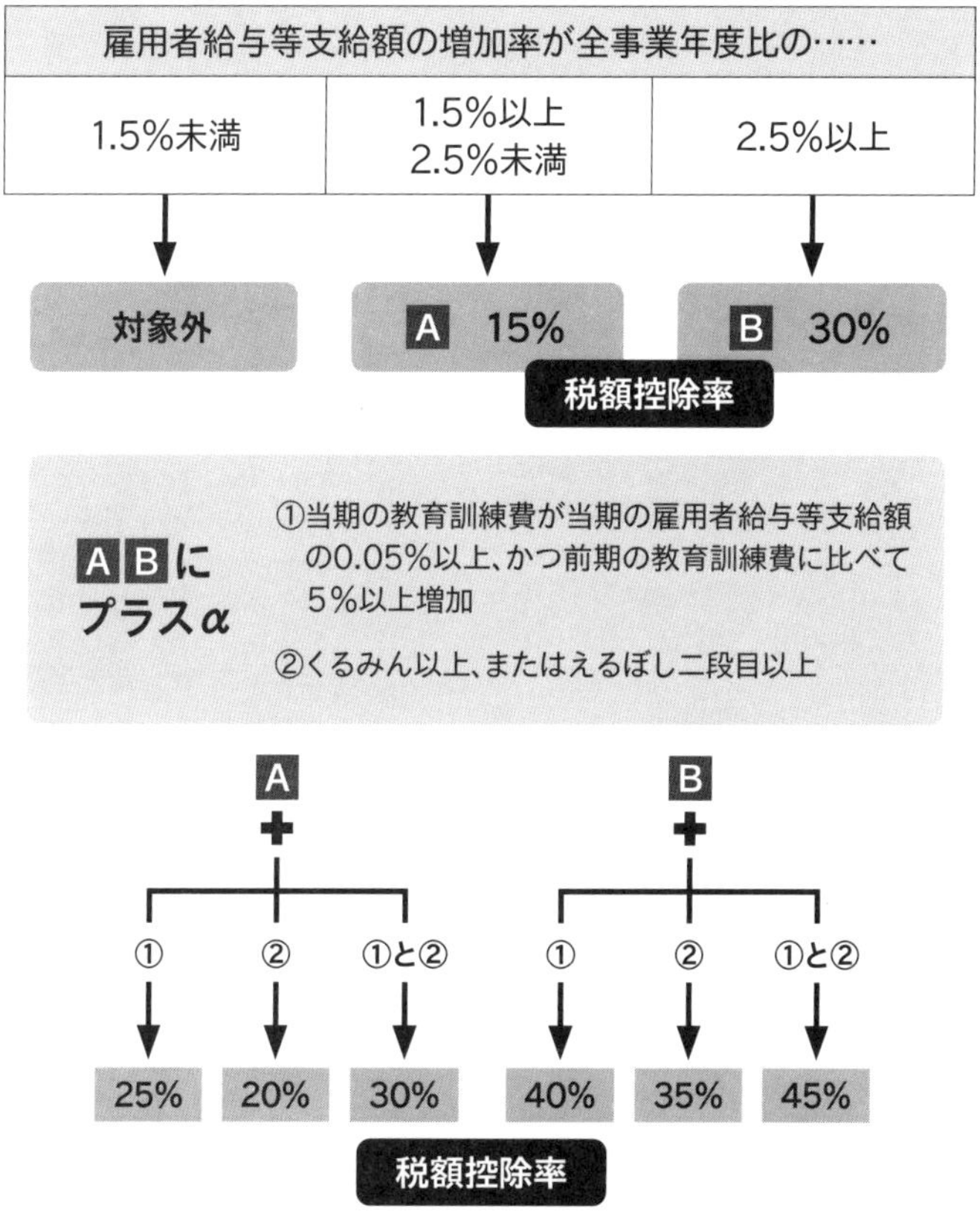

税額控除枠が拡大されたため、給与を増額したにも関わらず税額控除を取り切れないというケースが想定されます。そこで、**中小企業に限り、要件を満たす賃上げを実施した年度に控除しきれなかった金額について、5年間の繰越が可能となりました。**繰越控除は以下のようなイメージになります（179ページ図参照）。

①年度　税額控除可能額450、実際の控除額250（450－200）

②年度　赤字のため法人税額0、繰越額250（250－0）

③年度　法人税額800、控除限度額160（800×20%）、実際の控除額160、繰越額90（250－160）

④年度　法人税額600、控除限度額120、実際の控除額90、繰越額0

ここでは、①年度のみ税額控除の要件を満たしたものとしています。

なお、繰越の適用を受けるためには、繰越をする事業年度において、「給与等の支給額が増加した場合の法人税額の特別控除に関する明細書」を提出します。なお、適用を受けるには、全雇用者の給与等支給額が、前年度より増加している必要があります。

繰越控除のイメージ

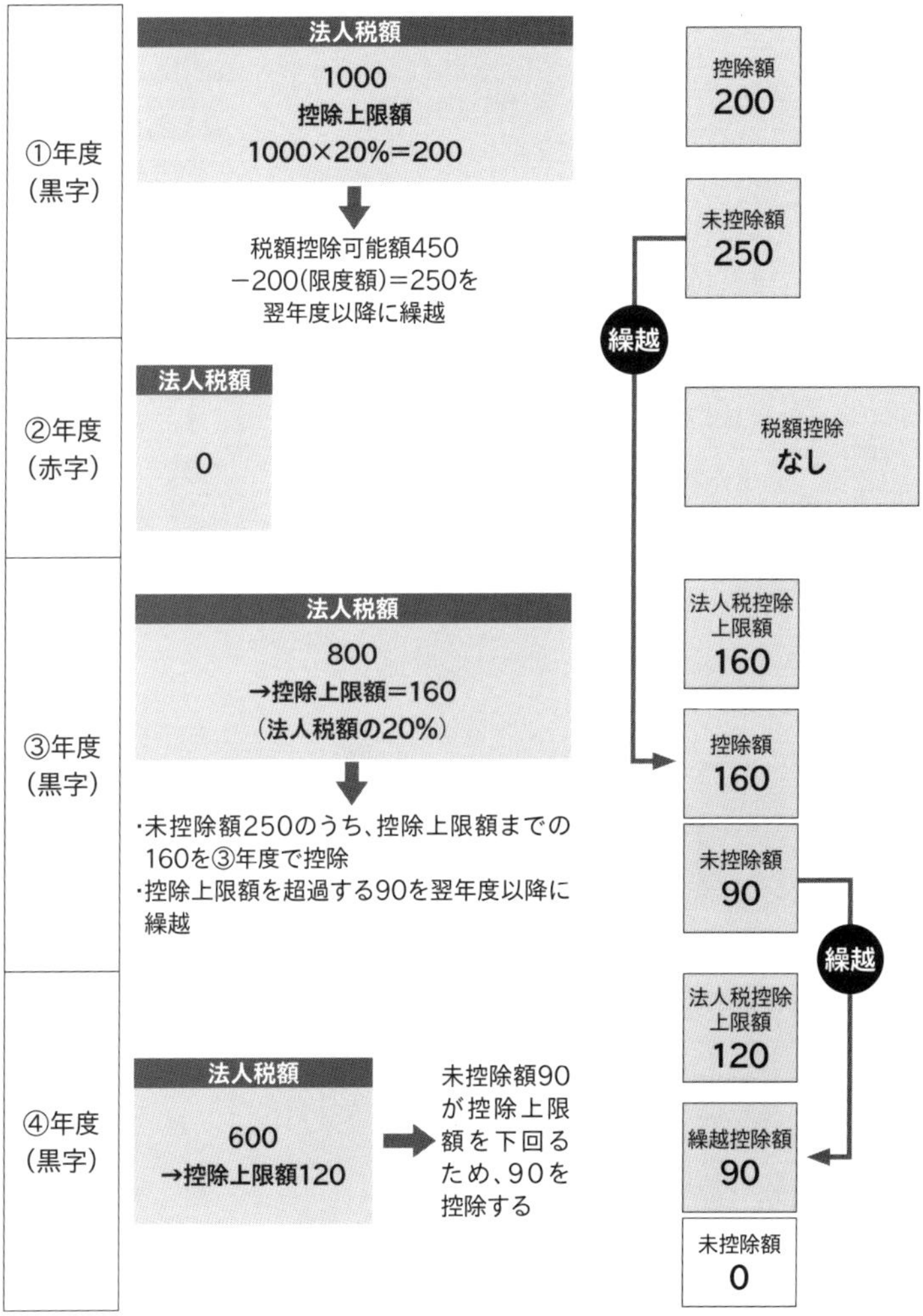
①年度（黒字）
法人税額
1000
控除上限額
1000×20%＝200
税額控除可能額450−200（限度額）＝250を翌年度以降に繰越
控除額 200
未控除額 250
繰越
②年度（赤字）
法人税額
0
税額控除 なし
③年度（黒字）
法人税額
800
→控除上限額＝160
（法人税額の20%）
・未控除額250のうち、控除上限額までの160を③年度で控除
・控除上限額を超過する90を翌年度以降に繰越
法人税控除上限額 160
控除額 160
未控除額 90
繰越
④年度（黒字）
法人税額
600
→控除上限額120
未控除額90が控除上限額を下回るため、90を控除する
法人税控除上限額 120
繰越控除額 90
未控除額 0

会社設立後
2〜3年目

役員給与を活用して損金を増やす

節税度
★★★★★

役員に対する給与は原則として損金に算入されます。極端な話をしてしまえば、利益をすべて役員給与として支払えば、法人の利益はゼロとなり、法人税は1円もかかりません。役員給与をうまく活用することで法人税の節税効果があることがわかるでしょう。

ただし、世の中そんなにうまい話はないもので、役員給与については損金算入の要件が決められています。

利益操作を目的とした役員給与の再設定は不可能

利益が出たから役員給与を増やす、といったことができないよう、**原則として、損金算入される役員給与は毎月定額、かつ、変更は1年に1回しかできないものとされています。**これを「**定期同額給与**」といい、毎事業年開始日から3カ月以内に役員給与の額を決定する必要があります。

なお、決定した金額から逸脱した場合、その金額は全額損金不算入となります。もちろん、役員が受け取る給与については所得税が課税されるので、正に踏んだり蹴ったりとなるので注意が必要です。

例外として、「**事前確定届出給与**」の場合は、毎月定額でなくても損金に算入できますが、こちらは原則として、株主総会等の決議をした日から1カ月以内に届け出をしなければなりません。つまり、あとから利益操作目的で役員給与を支払うことはできないということになります。

役員給与の払い過ぎに注意

定期同額給与であれば損金に算入されるからといって、多額の役員給与を支払う会社もありますが、受け取った個人は所得税を支払うことになることを忘れないようにしてください。法人税の実効税率は30％程度ですが、所得税は住民税を含めると最大で55％の税率になります。

つまり、**役員給与が多額になると、法人の利益として計上したほうが税金の支払いが少なくなるので、総合的に判断をする必要があります。**役員給与の決定については、顧問税理士と相談することをおすすめします。

会社設立後
2〜3年目

役員への賞与は基本的に支払わない

節税度
★★★★★

役員給与は、定期同額給与もしくは事前届出給与でなければ損金に算入されません。したがって、賞与を支払った場合、その全額が損金不算入となります。さらに、役員給与を受け取った本人はその賞与分に対しても所得税を支払う必要があるので、節税という観点から見ると、最悪の方法となります。

どうしても役員賞与を支払いたい場合

役員賞与を支払いたい理由にもよるのですが、仮に、所定の時期にまとまった給与が欲しいというのであれば、事前確定届出を提出しておけば問題ありません。

ですが、単純に利益が多かったから役員賞与を支払いたい、というのであれば、それは考え直す必要があります。**期末であれば、その期は賞与を支払わず、翌期の役員給与で調整するのがよいでしょう。**たとえば、当期の役員給与が月額50万円で賞与を２４０万円支

想定外の利益が発生しそうなときの決算期の変更

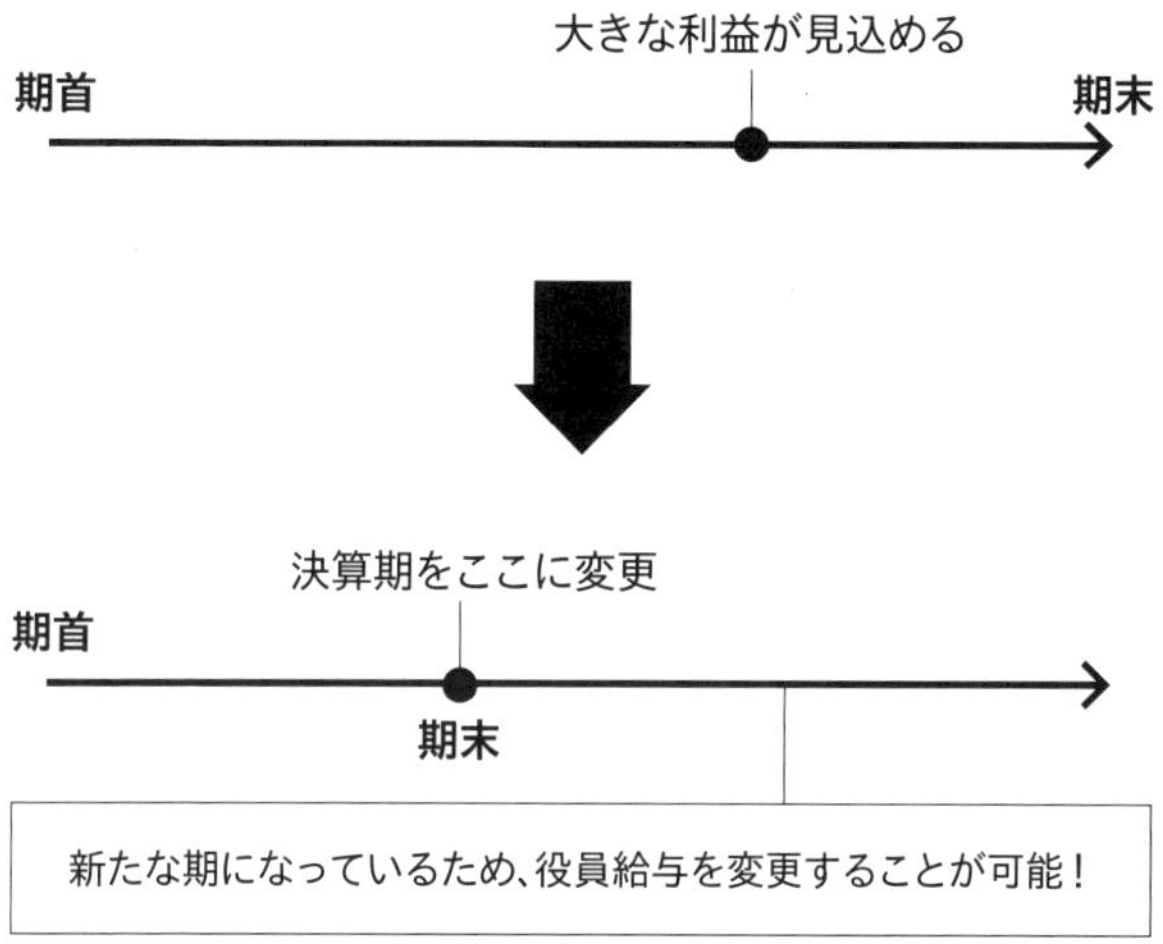

払いたいのであれば、翌期の役員給与を50万円＋240万円÷12カ月＝70万円にすれば同じ効果を得ながら、全額を損金算入することができます。

　また、**期中に想定外の利益が発生しそうな場合は、決算期を変更して、その大きな利益を翌期に回し、翌期の役員給与を変更することで対応することもできます。**該当する場合は検討してもよいでしょう。

会社設立後
2~3年目

親族を役員にして役員給与を支払う

節税度
★★★

小さな会社では、代表者の親族が役員になっているケースが多々あります。特に多いのが、夫が社長で妻が役員というケースです。

この場合、妻に対して役員給与を支払うことができれば、その分、夫の役員給与を減らしても世帯所得が変わりません。極端な話、夫の税率のほうが妻よりも高ければ、妻にその分の所得を寄せていけば世帯にかかる税率を最小にすることが可能になります。

不相当な給与は否認される

役員は一般の従業員と異なり、出社をする義務もありません。そうすると、タイムカード等で勤務実態を確認することもむずかしくなり、本当に働いているのかどうかもわからないような状況のことも多々あります。

それを逆手に取って、「非常勤だけど働いています」と役員給与を支給している会社が多くありますが、こんな虫のよい話はまかり通るのでしょうか。

答えはNOです。法人税法では、役員に支給する給与のうち、不相当に高額な部分は損金に算入しないと定めています。**勤務していないのに報酬を支払うのは不相当に高額と判断できるので、損金に算入できません。**

また、ちょっとした事務をたまに手伝うだけで月額100万円の役員給与を支払っているような場合も、不相当に高額な部分の金額は否認されることになります。

勤務実態に見合った給与設定を行う

こう聞きますと、親族の役員に役員給与なんて払うものではないと思われたかもしれません。

しかし、よく考えてみてください。妻がちょっと仕事を手伝ってくれるような状況はよくあることでしょうから、その分に対して役員給与を支給すれば問題ありません。そして、役員給与は毎月定額ですので、アルバイトのように時間を管理する手間がかからないというメリットもあります。

親族の役員に対する給与は、適正な金額を支給していれば損金性に問題はありません。

そして、世帯所得の分散もすることができるので、積極的に活用していきましょう。

会社設立後
2〜3年目

福利厚生制度を設けて納税負担を抑える

節税度
★★★★★

あなたの会社に福利厚生制度はあるでしょうか。福利厚生をするほど余裕がないという話を聞くこともありますが、実は、福利厚生はとてもお得な一面があります。福利厚生を削って給与を増やすよりも、給与を増やさないで福利厚生を増やしたほうが会社も従業員もハッピーになることもあるので、ぜひ確認してみてください。

福利厚生費は仕入税額控除が受けられる

福利厚生費は会社の経費になり、税務上も損金として取り扱われます。 もちろん、給与も損金になるので、この点は変わりません。しかし、給与の場合は受け取った側で所得税、住民税が課税されます。さらに、これに伴い、社会保険料も増えるため、会社側の負担も増えることになります。

また、**福利厚生費の大半は消費税の課税取引なので、仕入税額控除をすることができま**

給与と福利厚生費の違い

税務上の取り扱い

福利厚生費	損金
給与	損金

追加の負担

福利厚生費	なし
給与	受取側・支払側ともにあり

すが、給与は消費税の不課税取引に該当するため、仕入税額控除を受けることができません。

つまり、給与の場合は受け取った側も支払った側もプラスアルファの負担が発生することになるのです。一方、福利厚生費の場合は負担増がありません。

福利厚生は全従業員に対して行う

それでは、どういった費用が福利厚生費にできるのでしょうか。一例としては、**忘年会・新年会などの費用や、社員旅行**などがあります。これらを手当として支払うと給与になってしまいますが、福利厚生費にしている場合は給与になりません。

ただし、福利厚生費はすべての従業員に対して行うものでなければなりません。一定の従業員に対する場合はその従業員への給与となってしまうので、注意してください。

会社設立後
2〜3年目

30万円未満の固定資産を購入する

節税度
★★★☆☆

10万円以上の固定資産を購入した場合、その支出金額は減価償却によって費用化しなければなりません。たとえば、16万円のパソコンを購入した場合、この支出額を4年間で費用化する必要があります。つまり、1年間で経費にできる金額は16万円÷4年＝4万円になり、16万円も支出したのに、購入した年には4万円しか経費にできないことになります。

実際には、定率法という方法で計算することが多いので、初年度の経費はもっと多くなるのですが、16万円を4年間で費用化することには変わりがありません。

20万円以下の資産は3年で費用化できる

そこで活用したいのが減価償却の特例制度です。10万円以上の固定資産であっても、次の場合は通常の減価償却より早く費用化することができます。

・一括償却資産

20万円未満の固定資産は、一括償却資産として3年間で費用化することができます。なお、仮に期末に購入した場合であっても支出額の3分の1を経費にすることができます。

・少額減価償却資産

青色申告書を提出する中小企業者等（資本金の額又は出資金の額が1億円以下、かつ、常時使用する従業員の数が1000人以下の法人）の場合、**30万円未満の固定資産についてはその全額を経費にすることができます。**ただし、1年間で300万円が限度となります。

一定の償却資産には償却資産税がかかる

税務メリットだけを考えれば、**少額減価償却資産の特例を活用したほうがよいです。**ただし、全額経費にするということはその分利益が減少するので、決算書の見栄えが悪くなります。株主や銀行に対して悪印象を持たれたくないような場合は、**一部は一括償却資産にするなどの対応をしてもよいでしょう。**また、少額減価償却資産の場合は**償却資産税**（140ページ参照）の課税対象になります。150万円以上の償却資産があると償却資産税がかかってくるので、ギリギリの場合は一括償却資産を活用して課税を回避することも検討してみましょう。

会社設立後
2〜3年目

20万円未満の繰延資産は一括で経費にする

節税度
★★☆☆☆

「**繰延資産**」という言葉をご存知でしょうか。定義としては、**法人が支出した費用のうち、支出の効果が1年以上に及ぶものを指します**。少しわかりにくいので例を挙げると、事務所等を借りる際の礼金や保証金の償却部分が該当します。

これらの支出は、事務所等の入居時に支払うものであり、それを支払ったことで賃借ができていることになります。したがって、支出の効果は賃借期間に渡っているので、繰延資産に該当します。

繰延資産の処理方法

繰延資産はその支出が及ぶ期間で費用化します。たとえば、賃借期間3年の物件で礼金を30万円支払った場合、1年間で費用にすることができるのは30万円÷3年＝10万円となります。なお、年割ではなく月割になるので、期末に支払った場合は、1カ月分しか費用

代表的な税務上の繰越資産

種類	細目	償却期間
公共的施設の設置又は改良のために支出する費用	負担者が専ら使用	本来の耐用年数×70%
	上記以外	本来の耐用年数×40%
共同的施設の設置又は改良のために支出する費用	商店街等における共同のアーケード・日よけ・アーチ等	5年 （耐用年数5年未満の場合はその耐用年数）
建物を賃借するために支出する権利金等	礼金・保証金の償却等	5年 （賃借期間が5年未満、かつ更新時に更新料等の支払いを要する場合はその賃借期間）
ノウハウの頭金等	―	5年 （一定の場合は有効期間の年数）
広告宣伝用資産	―	本来の耐用年数×70% （5年を超える場合は5年）
同業者団体等の加入金	―	5年

にできないことになります。

固定資産に少額の特例があるように、繰延資産にも少額の特例があります。**少額の繰延資産とは、その支出金額が20万円未満のものを指します。**

たとえば、礼金が15万円だったとすると、その全額を支出時に費用化することができます。なお、保証金の償却がある場合は、礼金とは別に20万円未満であれば全額を費用化できます。契約書を見て、20万円未満のものがあれば全額経費にしてしまいましょう。

会社設立後
2〜3年目

固定資産の償却期間を短くする

節税度
★★★☆☆

固定資産は、その取得価額を減価償却によって費用化していきます。数年で費用化できればそこまで問題はないですが、たとえば出店時の費用のように、建物に設備を付属させるような場合、費用化の期間は10年超となり、なかなか支出額を経費にすることができません。

「一式」で計上しない

そこでポイントとなってくるのが、固定資産の細分化です。「〇〇一式」としてしまうと一番長い耐用年数に合わせなければならないので、**明細を細分化して、短期間で費用化できるものは分けて計上するようにしてください。**

たとえば、トイレを改修した場合、「トイレ工事一式100万円」としてしまうと、100万円を15年かけて費用にしなければなりません。しかし、壁紙の張替代などは修繕と考えられるので、その全額を費用にすることができますし、トイレ自体が10万円未満であれば、それも全額を費用にすることができます。

このように細分化することで、取得時に多額の費用を計上することができるケースが多々あるので、「一式」計上ではなく、細分化できるよう、施工業者に詳細な明細を出してもらうようにしましょう。

優良な中古資産を購入して耐用年数を短くする

また、**資産を中古で購入した場合、新品で購入した場合よりも耐用年数を短くすることができます。**それは次のような場合です。

・耐用年数の全部を経過した資産

耐用年数×20％が耐用年数になります。

・耐用年数の一部を経過した資産

耐用年数から経過した年数を差し引いた年数に経過年数×20％を加算した年数が耐用年数になります。なお、年未満の端数がある場合は端数切捨てとなりますが、その年数が2年未満の場合は2年となります。

中古でも問題ない資産であれば、中古の購入も検討してみるとよいでしょう。

会社設立後
2〜3年目

交際費を一人1万円以下にして損金化する

節税度

★★★★☆

法人税法上、交際費の取り扱いは次のように定められています。

・資本金1億円以下の法人

支出した交際費のうち、次のいずれかの金額まで損金にすることができます。

①交際費のうち、飲食その他これらに類する行為のために要する金額×50％

②年間800万円（その事業年度が1年未満の場合は月割）

少なくても800万円まであれば損金にできることになります。

資本金1億円超の法人は、交際費のうち、飲食その他これらに類する行為のために要する金額×50％を損金にすることができます。資本金1億円超の法人については、800万円の規定は存在しません。

1万円基準の適用条件

以下の事項を記載した書類を保存すること

- **飲食等の年月日**
- **飲食等に参加した得意先等の氏名又は名称及び関係**
- **飲食等に参加した者の人数**
- **費用の金額**
- **飲食店等の名称及び所在地**

※人数などは手書きで残しておく
※税込経理の会社は税込金額、税抜経理の会社は税抜金額

「1万円基準」を活用する

交際費を800万円以上使うような会社や資本金1億円超の会社の場合、交際費は非常に神経を使う費用となります。何せ、支出した金額が損金にならないわけですから、なんとかしたいと思われていることでしょう。

そこで利用したいのが、1万円基準と呼ばれる制度です。この制度は、外部との飲食代で1人当たりの飲食にかかった金額が1万円以下であれば、その全額を損金とすることができるものになります。飲食をする際は、一人あたり1万円を意識してみてはいかがでしょうか。

会社設立後
2~3年目

資金繰りが苦しければ中間納税を回避する

節税度
★★☆☆☆

法人税・法人住民税・法人事業税・消費税については中間申告制度があります。1年に1回の納税だとそのときの負担も増えますし、国としては取りっぱぐれてしまうかもしれないため、この制度が存在します。中間申告は、法人税・法人住民税・法人事業税については年間1回、前事業年度終了日の翌日から8カ月後に支払います。**消費税については、前事業年度の消費税額により回数が異なり、年間1回、3回、もしくは11回の中間申告が必要になります。**

そして、中間申告では次のいずれかの方法により、申告・納税をします。

・前年度実績

前年度の税額の半分(消費税の場合、3回であれば4分の1、11回であれば12分の1)を申告・納税する制度になります。ただし、前年度税額が一定額以下の場合は、この規定は適用されません。

・仮決算

中間申告対象期間を1事業年度とみなして決算をし、その数字をもとに申告・納税する制度になります。

必ずしも前年の税額の半分を支払うわけではない

中間申告による納付は、確定申告の前払いに過ぎないので、一般的に手間暇かけず、前年度実績により納税してしまうことが多いです。ただし、前事業年度の税額の半分を支払う場合で、前期が好調、当期が不調だったときは資金的に苦しくなることがあります。そのような場合は、前期の実績で中間申告をするのではなく、**当期の数字を使って税額を算定する、仮決算による中間申告の制度を利用します。**

資金繰りを考えて仮決算するかを検討する

前年度実績で中間申告をしても資金的に問題がないのであれば、そのまま納税してしまいましょう。資金的に苦しい場合は仮決算を検討してください。

なお、仮決算をするためには、その中間申告対象期間の数字を把握するため、通常の決算並みの作業が必要となるので、早めに税理士に相談するようにしてください。

会社設立後
2~3年目

延長申請で申告期限を1カ月延長

節税度

★★☆☆☆

確定申告書の提出期限は、その事業年度終了日の翌日から2カ月以内と定められており、この期間内に申告書を提出しなかった場合には、無申告加算税と延滞税が課せられます。どちらも損金不算入のため、できれば申告期限内に提出したいものですが、なかなか決算が確定せず、2カ月を経過してしまうようなこともあるかもしれません。

ですが安心してください。**申告期限を1カ月間延長することができる延長制度があります。**定款等で株主総会の開催が事業年度終了後3カ月以内とあれば、この申請をすることができます。なお、合同会社の場合は定款に記載がない場合が多いのですが、事業年度終了後3カ月以内に決算を確定するという文言を付け加えれば適用可能です。

延長申請は、3税目分提出する

法人税の延長制度の適用を受けるためには、定款の定め等による申告期限の延長の特例

申告期限の延長申請

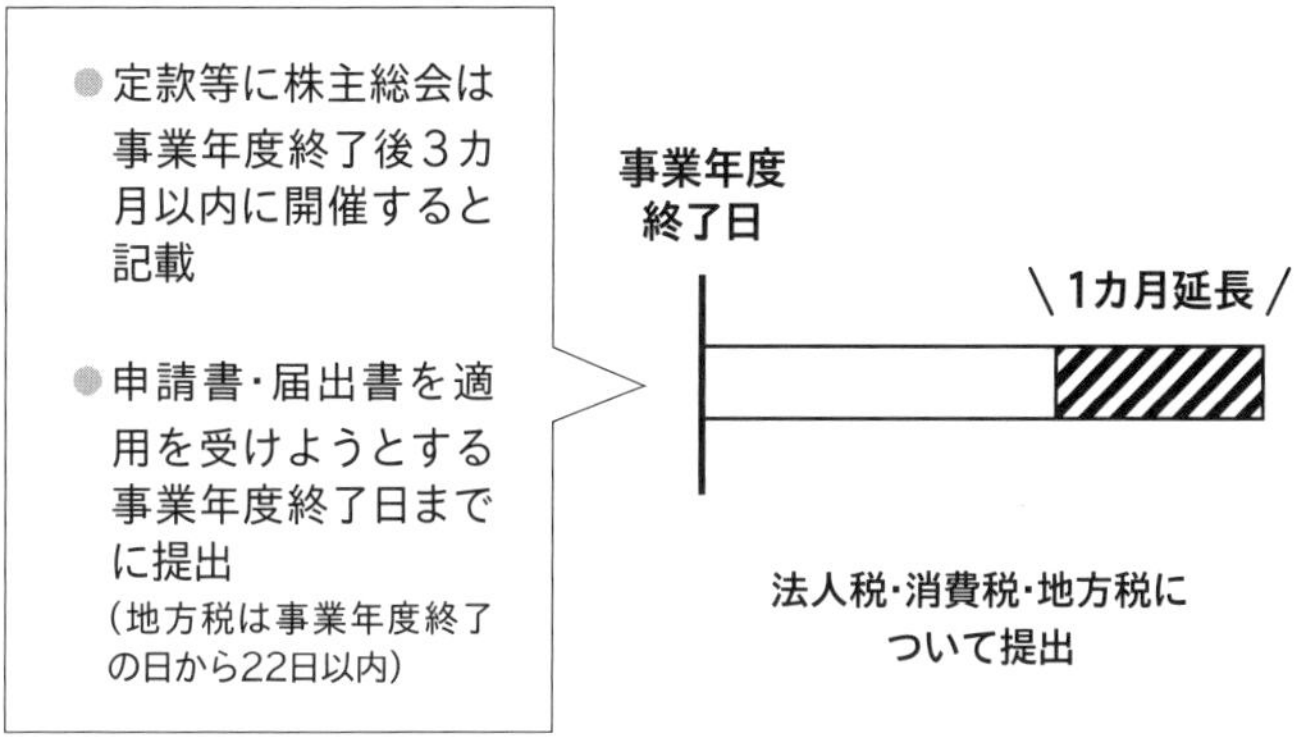

の申請書を、その適用を受けようとする事業年度終了日までに提出する必要があります。たとえば3月決算でしたら、3月31日までに提出しておけば、その期以降の申告期限は1カ月間延長されます。

なお、消費税・地方税も同様に、延長届出書・申請書を提出します。地方税については、都道府県・市区町村に提出しますので、漏れがないように注意してください。

会社設立後
2〜3年目

会社の複数化で税率負担を低くする

節税度
★★★★★

中小企業やスタートアップ企業には、大企業に比べ税率が低くなるなど、さまざまな税制上の恩恵があります。主なものは、次のとおりです。

・**法人税率**

資本金1億円以下の一定の法人は、課税所得800万円まで23・2%→15%となります。

・**法人住民税率**

資本金1億円以下、かつ、法人税額1000万円以下の法人は、10・4%→7・0%となります。

・**法人事業税率**

「資本金1000万円以上、かつ、事務所または事業所がある都道府県の数が3以上の法人」〝以外〟の法人は、軽減税率が適用されます。特に、資本金1億円以下、かつ、年間所得金額が2500万円以下の法人については、優遇された標準税率になります。

・消費税の免税制度

新たに設立された資本金1000万円〝未満〟の法人は、最長で2年間免税事業者となります。ただし、設立後1年目、2年目ともに免税事業者の判定基準があるので、必ず税理士に確認を取りましょう。なお、インボイスの適用を受ける場合は、設立後1年目・2年目であっても免税事業者にはなれませんのでご注意ください。

会社は1つよりも2つ、2つよりも3つ

たとえば、利益が1600万円の法人があったとします。これを2つに分けると、1社あたり800万円の利益となり、法人税・法人事業税について軽減税率の恩恵をフルに受けることができます。また、新設法人の場合、消費税の免税事業者になれる可能性もあります。

利益が2400万円だったら3社、3200万円だったら4社といったように、800万円区切りで、分社化を検討してもよいでしょう。ただし、分社する基準には注意してください。2つ以上ある事業を事業ごとに切り離すような場合だと問題ないですが、1つの事業を分割したような場合は、租税回避ととらえられて税務否認をされる可能性があります。分社化をする際は、必ず税理士に相談してから行うようにしてください。

倒産防止共済に加入して掛金を損金にする

節税度
★★★★☆

「**経営セーフティ共済**」というものをご存知でしょうか。正式名称は「**中小企業倒産防止共済制度**」といい、取引先の企業が倒産した場合に、掛金に応じて一定額の借入ができる制度です。

倒産防止共済のメリットは4つ

倒産防止共済には、次のメリットがあります。

①無担保・無保証人で掛金×10倍まで借入可能（8000万円限度）
②取引先が倒産した場合、すぐに借入することができる
③累計800万円まで掛金を損金算入することができる
④解約手当金が受け取れる

掛金の10倍まで借入できることも魅力ですが、取引先の倒産が条件となるので、もしも

のときの保険というイメージです。

一番着目すべき点は、③累計800万円まで掛金を損金算入することができる、という部分です。倒産防止共済は、毎月の掛金が5000円～20万円まで選ぶことができるので、最大で年間240万円を損金に算入することができます。さらに、一括払いをすることもできるので、期末に240万円を損金として計上することもできます。

ただし、解約手当金を受け取った際は課税されるので注意してください。あくまで、**緊急時に借入ができるという保険を掛けながら、掛金を損金にすることができるという制度になります。**

法人税申告書の記載方法

倒産防止共済の掛金は、年間240万円までだと損金に算入することができます。そのときの会計処理は、支払保険料として経費にしても積立金として資産計上しても大丈夫です。ただし、法人税申告書を作成する際に、別表10（7）を添付する必要があるので、忘れないようにしてください。

税理士に、倒産防止共済の掛金を支払った旨を伝えておけば漏れることはないでしょう。

会社設立後
2~3年目

損金化を狙った保険の入り過ぎには注意

節税度
★☆☆☆☆

いつの世も保険好きの社長は一定数います。たしかに、保険料を支払ったらそれが損金となり、かつ、将来その保険金が戻ってくると考えると、貯金を経費にした気分になるので、お得に見えます。

保険加入は得ではない

203ページでもいいましたが、積立金を経費にしたとしても、その積立金を取り崩す際に収益が発生します。したがって、積立時から解約時までの税負担を考えると、負担額は何ら変わらないことになります。しかも、一般の保険の場合は積立額よりも返戻額のほうが少なくなるので、その差分は損していることになります。もちろん保険としては機能していますが、節税にはなっていません。

目先の損金を増やすという意味では効果がありますが、トータルの税負担で考えると1

円も得していないのが現実です。

保険は損金割合が低い

将来の利益は誰にもわからないので、利益が出ているあいだに積立をして利益を圧縮し、将来に備えておくというのは経営的に悪くない戦略です。

従前、一定の法人保険は支払額の一部または全額が損金になりました。しかし、**2019年4月以降に加入する保険は、損金にできる金額が大幅に減っています。**

今まで、法人保険は返戻金にフォーカスされてきましたが、現在はその損金性が低下しているため、損金化を狙った保険加入は控えましょう。

今後は必要な保険に必要な額だけ加入するのが妥当です。保険会社の営業マンはあの手この手で営業してくるかもしれませんが、決して、返戻金を目当てに保険を選ぶことがないようにしてください。

会社設立後
2〜3年目

退職金規程を策定して優遇措置を受ける

節税度
★★★★☆

給与や賞与と違い、**退職金は税制上、非常に優遇されています。**給与や賞与を受け取った場合、1年分を合算して所得税率が決まります。

しかし、退職金の場合は、給与や賞与とは分けて別の所得として計算をします。さらに、その計算過程においても優遇措置が設けられています。

退職所得の計算方法

退職所得は、退職金から退職所得控除額を控除し、さらにその2分の1が課税対象となります。退職所得控除額は次のとおりです。

・勤続年数20年以下の場合…40万円×勤続年数
・勤続年数20年超の場合…800万円＋70万円×20年超の年数

いずれの場合も、勤続年数に年未満の端数がある場合は切り上げをします（勤続年数が

退職所得の計算方法

勤続年数	30年2カ月
退職金	2500万円
退職所得控除額	800万円 ＋ 70万円 × 11年＝1570万円
退職所得	(2500万円 － 1570万円) × 1／2 ＝ 465万円
所得税額	465万円 × 20% － 427,500円 ＝ 502,500円

5年以下の場合は計算方法が異なります)。

　このようにして計算した控除額を退職金から差し引いた金額の2分の1が課税の対象となり、上記の例だと、2500万円の退職金に対して、税額はわずか50万円程度になります。通常の給与所得であれば、640万円程度の所得税額となるので、退職所得がいかに優遇されているかがわかります。

　このように、退職所得は非常に有利な税制ですので、余分な役員給与を取るのであれば、退職金に回すのも1つの手です。

　退職に備えて、退職金規程を策定しておきましょう。

会社設立後
2~3年目

退職金戦略を練って欠損金を使い切る

節税度
★★★★☆

退職金の支払年度は、多額の費用が発生します。この**費用が利益の範囲内であれば問題ないのですが、利益を超える場合は、欠損金が生じることになります。**欠損金は翌期以降しか利用できないため、その年度では、欠損金分だけ損をしてしまうイメージになります。

そこで検討してもらいたいのが、退職金戦略になります。

退職金戦略の概要

退職金戦略は、退職金を支払う年度より前の年度に一定額の費用を計上しておき、その費用を、退職金を支払う年度に取り崩して、利益を計上する方法になります。

今までは、逓増定期保険を使うことが多かったのですが、近年の保険契約では使い勝手が悪いため、違う商品を使うことになります。

そこで利用したいのが、**特定の資産を購入して減価償却費を計上し、数年後に売却をす**

退職金戦略

[例]
5000万円の資産、収益100万円／年、5年定額法、売却額4500万円

1年目	2年目	3年目	4年目	5年目
+100 △1,000	+100 △1,000	+100 △1,000	+100 △1,000	+100 △1,000

これを**退職金**とぶつける → 売却益 +4500万円

るような商品です。

購入した資産を減価償却により費用化し、一定の年数が経過した時点で売却をして売却益を発生させます。この売却時点と退職金の年度を同じにすれば欠損金問題が解決します。

代表的な商品としては、航空機、海外不動産などが該当しますが、扱っている業者数が少なく、怪しいところもあるため、必ず税理士に相談してから商品を決めるようにしてください。

なお、以前流行したコンテナや足場などの節税商品は税制改正によりメリットがなくなりました。

会社設立後
2~3年目

会社設立後2年目・3年目の納税カレンダー

2年目以降になると、中間納税等が入ってくるため納税の機会が増えます。基本的には、税務署等から通知がくるので、その期限どおりに支払っていれば問題ありません。ですが、源泉税のように通知がこないものもあるので、注意してください。

中間納税がある税目は次のとおりです。

・法人税、法人住民税、法人事業税（最大年1回）
・消費税（最大年11回）

また、固定資産税の納税があるケースがあります。固定資産税は年4回支払いになるので、こちらも忘れないようにしてください。

税務署等から通知がきた場合には自分で判断するのではなく、税理士に問い合わせをしておけば確実です。期限までに納税しないと、無申告加算税や延滞税が課せられてしまうので、そういったことにならないようにしましょう。

納税カレンダー

【法人税・法人住民税・法人事業税】

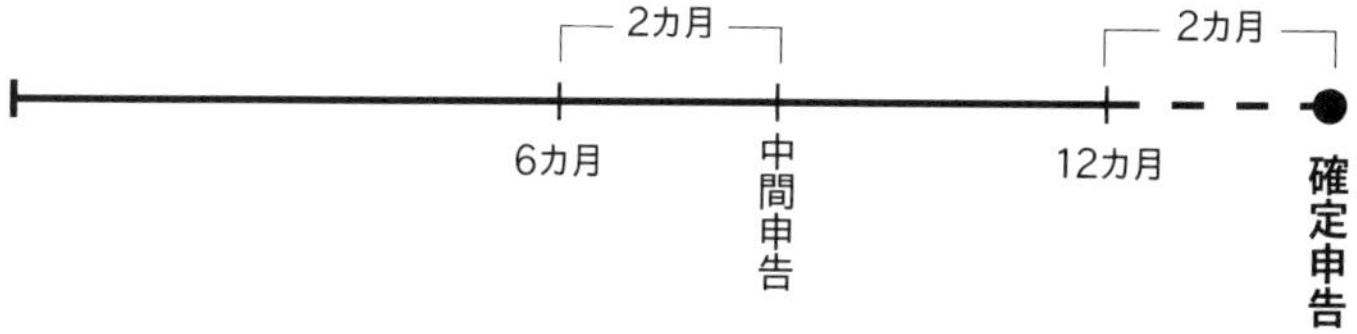

【消費税】

● **年1回**（前年度の消費税48万円超400万円以下）

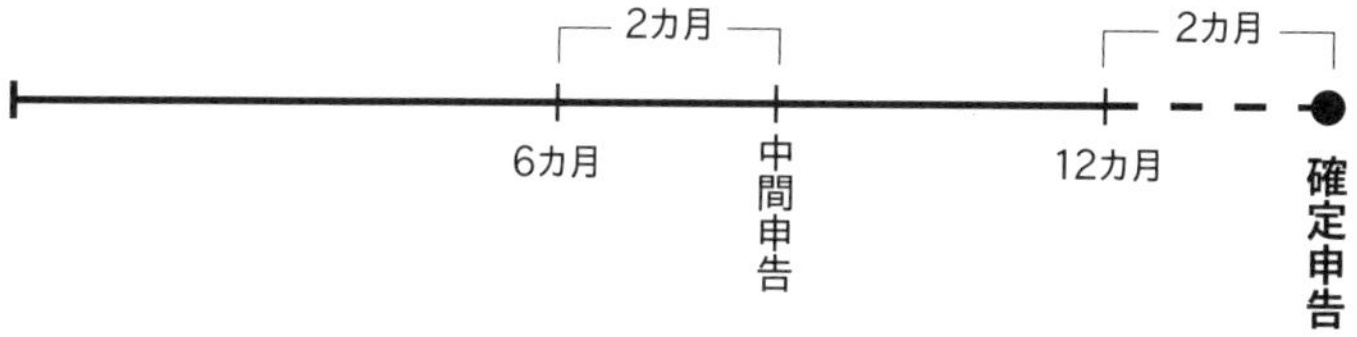

● **年3回**（前年度の消費税400万円超4800万円以下）

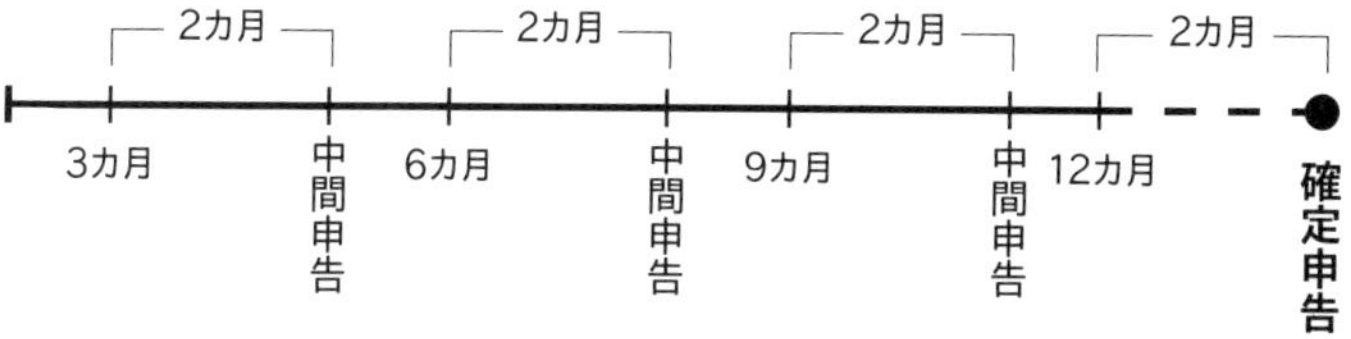

● **年11回**（前年度の消費税4800万円超）

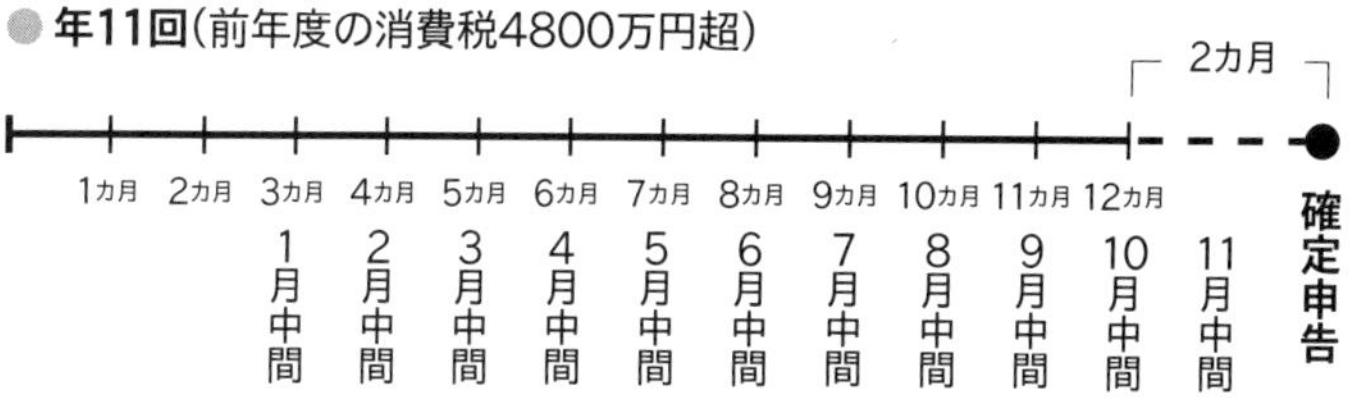

※1カ月目の消費税の納税を2カ月後の1月中間申告期間に行う

会社設立後2年目・3年目の納税カレンダー

源泉所得税	●**納期の特例なし** 支払い月の翌月10日まで ●**納期の特例あり** 給与など、特例の対象になるもののみ 1〜6月支払い＝7月10日 7〜12月支払い＝1月20日
個人住民税	給与支払い月の翌月10日まで
固定資産税	原則、6月末、9月末、12月末、3月末 （自治体により異なる）

4

税理士の見つけ方・付き合い方

税理士

税理士を味方につけて会社を経営する

会社経営をするうえで、税理士は切っても切り離せないパートナーです。税理士がいることで業績を的確に把握でき、資金繰りの悩みや経営方針など、従業員などには相談できない内容も親身になって対応してくれることでしょう。

税理士は経営において身近な相談相手ですので、会社設立の前後に、早めに見つけておきたいものです。

直接会って話をするのがよい

とはいえ、普段の生活で税理士と付き合いがある人は稀でしょう。そうすると、どうやって探せばよいのでしょうか。おすすめは次の3点です。

①インターネットで探す

インターネット上では、**税理士紹介サイト**がたくさんあるので、そのなかから気になる税理士に連絡してみましょう。地域別であることが多いので、会社の近くの税理士から探してみるとよいでしょう。

②書籍の著者にあたる

インターネットではどんな税理士かわかりませんが、**書籍を読めばどのような考えなのかがある程度わかります。**読んだ書籍のなかでよかったものがあれば、その著者に直接連絡してみましょう。

③税理士会に連絡する

税理士会は所轄税務署ごとにあるので、そこの税理士会に連絡をすれば、会社の近所に事務所を構える税理士を紹介してもらえます。要望を伝えれば、マッチした税理士を紹介してくれることでしょう。

なお、いずれの場合も必ず会って話をしたほうがよいです。そこでその税理士がどんな考えを持っているのか、どんな対応をしてくれるのかなどを確認してみてください。

税理士とは長い付き合いになるので、単純に金額だけで決めるようなことがないよう、注意しましょう。

税理士報酬の設定はどうするべきか

税理士報酬はどのように決められているのでしょうか。大きく分けると、次の4つに大別されます。

①税務顧問料

最も一般的な報酬です。税務顧問契約を結んでおくことで、税務の疑問がある場合はいつでも相談に乗ってもらえます。通常は月額〇円といったように決められ、年商によってレンジが決まっているケースが多いです。

なお、税理士が会社に訪問する回数が増えれば増えるほど、税務顧問料も高くなる傾向があります。**最初のうちは訪問回数を少し減らしてもらい、税務顧問料を削減してもよいでしょう。**

②決算料

年1回の決算にかかわる報酬です。決算と税務申告書の作成が主になります。契約の内容にもよりますが、**月額顧問料の○カ月分という税理士事務所が多いです。**契約によっては、税務顧問料に含まれていることもあります。

③記帳代行料

毎月の記帳を代行する報酬です。領収書や請求書を月ごとに送れば、それらを入力して試算表にまとめてくれます。

会社設立当初は経理事務員を雇う余裕もないでしょうから、記帳については丸投げしてしまってもよいかもしれません。税理士が作成した精度の高い試算表を経営に活かしていくのがよいでしょう。

④その他

年末調整、法定調書、償却資産税申告書の作成業務が主です。契約によっては、税務顧問料に含まれていることもあります。

わからないことは税理士に直接聞こう

これらの内容を加味して報酬が決定されます。いろいろと業務があり混乱させてしまったかもしれませんし、聞き慣れない言葉も多いでしょうから、わからない項目はどんどん質問をして、納得いくまで話し合いをしましょう。

税理士

相性のよい税理士を探す3つのポイント

税理士の登録者数は、2024年8月末日現在、約8万1000人もいます。東京だけでも約2万4000人いるので、このなかから経営者の考え方と合致し、かつ相性のよい税理士と出会うのはかなりむずかしいといっても過言ではありません。

自分に合う税理士か否かが重要

「インターネットで探してみたけど、パッとしなかった」というのはよく聞く話です。そこで、よい税理士か否かを判断する3つのポイントをご紹介します。

①質問しやすい

残念ながら横柄な税理士というのは一定数存在します。そういった税理士が相手だと、なかなか質問もしづらいでしょう。質問をしなければ疑問は解決しないので、よくわからないまま話が進んでしまうこともあります。そういった税理士を選んでしまわないように

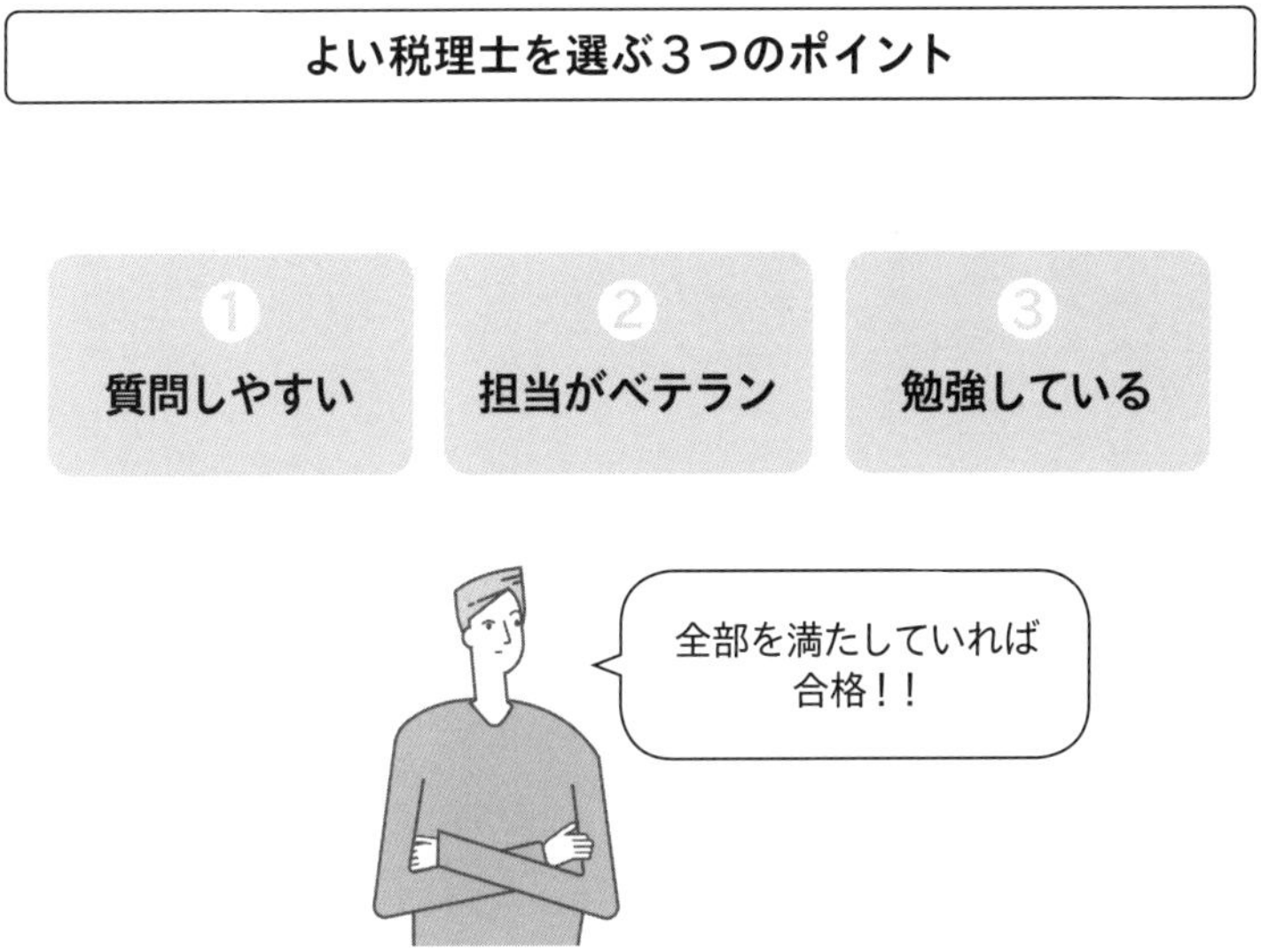
よい税理士を選ぶ3つのポイント
①
質問しやすい
②
担当がベテラン
③
勉強している
全部を満たしていれば
合格！！

するためにも、まずは**税理士に会いに行ってください。そして、なんでもよいのでたくさん質問をしてみます。**その応対を見れば、ある程度は判断できるはずです。

税務の話、経営の話、趣味の話など、いろいろと質問を準備しておきましょう。まだ顧客になっていない時点でイマイチな対応をされるようであれば、契約後はもっとひどい対応をされる可能性が高いため、ひとつの判断基準になるかと思います。

②経験値の高い担当がつく

税理士事務所は、税理士以外も働いています。また、税理士でなくても経験がある人もいれば、入社したばかりの人もいます。一番よいのは経験値の高い税理士ですが、むしろ、それは少数です。

そのため、**契約をする前に、どういった担当者がつくのかを必ず確認するようにしてください**。できれば、その担当者も同席してもらえると、なおよいでしょう。

税理士以外が担当者になることに不安を感じるようであれば、税理士1人でやっている事務所がよいでしょう。ただし、その事務所が新人を雇った場合にはその新人が担当になるかもしれません。

③税法を勉強している

税法は毎年改正が行われています。ただ、法律が大幅に変わるようなことはあまりないので、常に税法について勉強をしていなくてもなんとかなることも多いです。ただ、なんとかならなかったときには大変な損害を受けてしまう可能性があります。

そのため、ちゃんと勉強をしている税理士を選びたいものです。

では、どうやって判断すればよいでしょうか。

一概にはいえませんが、ホームページやブログ等で情報発信をしている税理士は税法の改正などをきちんと勉強している可能性が高いです。勉強していないと、間違った情報を流すと信用が著しく落ちるため、リスクを避け、情報発信は控えるはずです。勉強しているからこそ、堂々と情報を発信することができると考えれば、こういった税理士であれば問題はないと考えるのもひとつの方法でしょう。

税理士

格安税理士と契約してもよい？

インターネットで「税理士　格安」と検索すると、たくさんの広告やホームページが出てきます。こういった事務所は、月額顧問料数千円〜というケースが多く、ほかの税理士事務所に比べてかなり割安に見えます。

さて、こういった格安税理士、おすすめなのでしょうか。答えは、よい場合と悪い場合があるという当たり前の回答になります。そこで、まず、格安税理士のビジネスモデルを知っておく必要があります。

格安税理士は決算料で稼いでいる

格安税理士のウリは、なんといっても**月額顧問料の安さ**です。月額1万円を切るというのは通常の税理士事務所では考えられませんが、格安税理士では当たり前です。

ですが、月額顧問料以外は格安ではないことが多く、その最たるものが決算料です。通常、決算料は月額顧問料の○カ月分というのが多いですが、格安事務所の場合は一律○円という具合に設定されており、大体は結構な金額になります。

これに、年末調整や法定調書の作成報酬を含めると、普通の事務所より高額になることが多々あります。安い月額顧問料で注目を集めて、トータルでは普通もしくは割高になるような報酬体系にしているのです。

ですので、**月額顧問料ではなく、年間の総額で判断する**のがよいでしょう。

顧問料よりも相性を重視する

格安事務所は顧客が多いため、それ相応の従業員がいます。ベテランもいれば、つい最近まで学生だった従業員もいるので、誰が担当者になるかによってサービスの質が大きく変わってきます。

「面談をした人は知識も豊富で頼りがいがあったけど、実際の担当は……」という話を聞いたこともあるので、注意してください。

結局、価格だけで税理士を選ぼうとするとそれ相応のサービスになってしまったり、下手をすると、高くてサービスが悪いということにもなりかねないので、目の前の顧問料に釣られてしまうことがないようにしたいものです。

税理士

専門外の疑問や悩みもひとまず税理士に相談する

会社を経営しているとさまざまなことが起きます。従業員を雇うことも、役員を変更することもあるでしょう。このような場合、法的にやらなければならないことが発生します。しかし、当然ですが経営者は商売のプロであって、法律のプロではありません。

とりあえず税理士に相談しよう

なにか普段と違うことをした場合、法的な手続きが必要かどうか、ひとまず税理士に相談することをおすすめします。**税理士は会社にかかわる法的な事項を把握しているので、その場で問題が解決することも多いです。**また、税理士はほかの専門家（士業）と密接につながっている場合が多く、必要であれば専門家を紹介してくれます。専門家を利用したほうがよいかの判断もしてくれるでしょう。

1人で調べても限界があります。まずは身近な相談相手である税理士に相談しましょう。

専門家に任せたい法的な手続き

内容	法的手続	専門家
従業員を雇う	社会保険	社会保険労務士
助成金の申請	申請	
役員の変更	役員登記	司法書士
土地家屋の売却	不動産登記	
会社の合併等	商業登記	
許認可関係	申請	行政書士
対人トラブル	訴訟	弁護士
契約トラブル	訴訟	
特許を申請する	特許申請	弁理士

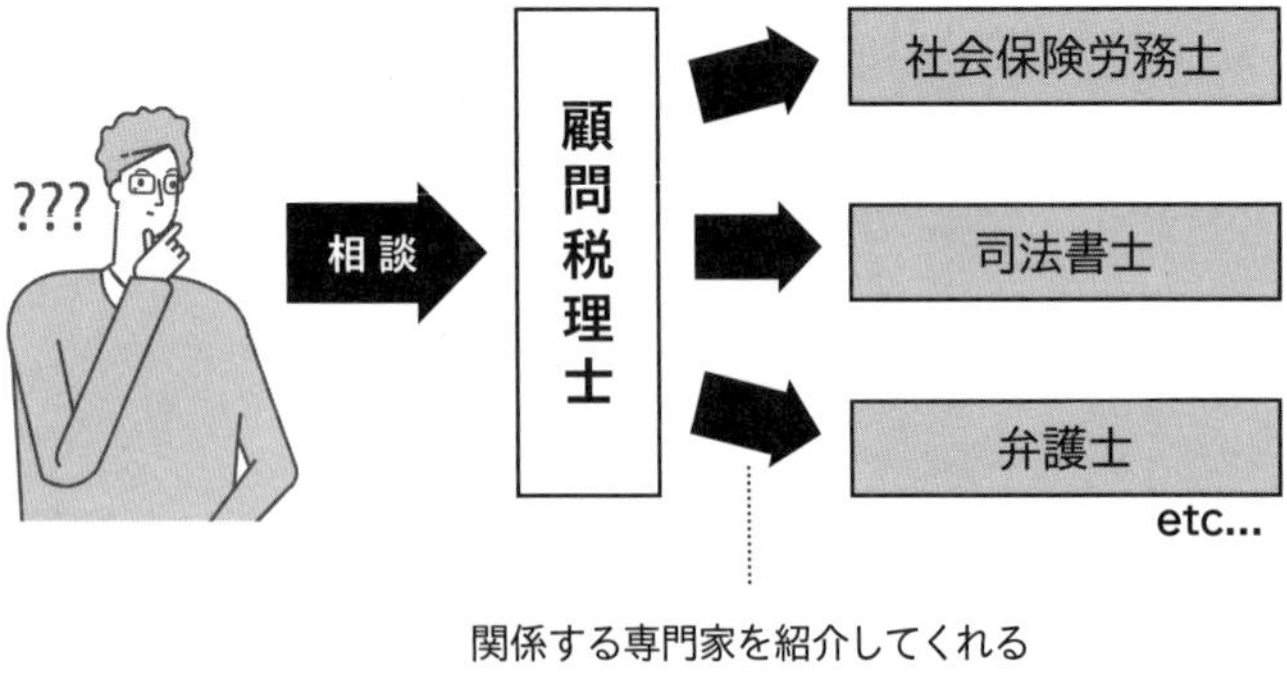

5

会社を
軌道に乗せる
資金繰り

資金繰り

潤沢な資金を用意して事業の拡大を図る

会社を経営する上で切っても切り離せないものは「お金」です。毎月、支払いにビクビクしているようでは、健全な経営をしていくことはできません。やはり、ある程度のお金を持っている必要があります。

月商3カ月分の資金を用意する

それでは、どのくらいの資金があれば「とりあえず安心」といえるのでしょうか。

業種によって違ってきますので一概にはいえませんが、おおよそ**月商の3倍程度の資金**があれば、設立後すぐに運転資金が不足してしまうような事態にはなりません。

もちろん、開業したての場合は売上も少ないでしょうから、この指標には意味がありません。また、小売業のような売上が多い業種の場合は、月商の3カ月分も必要なく、毎月必要な仕入れを除いた資金の4~5倍程度あれば、近々の問題とはならないでしょう。

資金があれば、大量仕入れをすることで値引きを受けることができたり、入金スパンの長い売上を受注することもできます。当面の資金需要がないことで経営に幅が出るので、事業を拡大しやすくなるでしょう。

十分な資金で経営難を防ぐ

さて、ここで問題となってくるのが資金調達です。資金の調達方法は大きく分けて出資と借入の2つがあります。

出資は貸借対照表の純資産の部、借入は負債の部に計上されます。純資産の部は、自己資本、負債の部は他人資本ともいいます。自分でお金を用意するか、他人にお金を融通してもらうかの違いです。

小規模な会社でしたら、社長自身が出資して資金を調達しているケースがほとんどです。ただ、潤沢な自己資金をもとに起業するというケースは少ないでしょうから、社長が出資している場合は十分な資金額を確保できないことが多いです。

そういった場合は、**他者からの出資や借入も視野に入れて、資金額を増やしていく施策を検討したほうがよいでしょう。**そうすることにより、会社が突然経営難になることを防止できるのです。

資金繰り

無借金経営は優良企業の証なのか

無借金経営は優良企業の証のように思われている人が多いでしょう。もちろん借金がないほうが金利負担もないですし、毎月の返済もありません。手元にあるお金をすべて自分の自由に使うことができるのは、無借金経営の大きな魅力になります。

大企業でも無借金経営はしない

ですが、考えてみてください。たとえば、100万円で始めたビジネスであれば、1000万円以上の金額を投資することはできません。200万円の投資をしたら1000万円の売上を得ることができたのに、資金がなくてできなかった……という場合もあるのです。また、大きな支出が突然発生した場合、資金がショートしてしまう可能性もあります。それが原因で従業員に給料が払えないという事態が生じてしまっては、会社の信用に傷がつくことでしょう。

会社を存続させるためには投資が不可欠です。というのも、投資をすることで新たな利益モデルがつくられるからです。この投資額が少ない場合、当然に利益も少なくなります。同じ10%のリターンである場合、100万円の投資をしたら10万円しか利益がありませんが、1億円の投資をしたら1000万円の利益を得ることができるのです。

「いやいや、当社は最小限の投資で最大限のリターンを得るんですよ」という人もいるかもしれませんが、その場合であっても投資が多いほうがリターンも多くなります。

また、「利益が出てから自己資金で投資をします」という人もいるかもしれませんが、それでは時間がかかってしまいますし、レバレッジが効きません。

参考までに大企業の自己資本比率（自己資本÷総資産）を確認してみましょう。トヨタ自動車は、38・0%（※）、三菱商事は38・6%（※）となっており、自己資本は3分の1程度しかありません。また、ソフトバンクに至っては15・3%（※）であり、自己資本は約6分の1です。**借入を増やすことによってレバレッジを効かし、大きな利益を出しているこ**とがわかりますよね。

潤沢な自己資金があれば無借金経営でも問題ありませんが、通常、潤沢な自己資金があるというケースはかなり稀です。であれば、無借金経営ではなく、ある程度の借入もしていく必要があるということがおわかりになるでしょう。

※いずれも2024年3月期のもの。親会社所有者帰属持分比率（IFRS基準）を引用

「実質」無借金の状態維持で手元資金を増やす

会社を経営していくには、借入も必要であるということをお話ししてきました。ただ、借入がたくさんあって毎月の返済に困窮しているような状態では駄目です。借入によって会社の資金を潤沢にし、来るべき投資に備えておくというのが、経営の正しい姿になります。もちろん、資金があるからといってやみくもに投資をし続けていては、資金はあっという間に枯渇してしまいます。慎重な判断に基づいて投資をしていきましょう。

「実質」無借金のほうが資産額が多い

それでは、「実質」無借金の状態とはどのような状態を指すのでしょうか。

答えは簡単で、借入と同額以上の現預金を持っている状態を指します。最悪、借入を一度に返済できる状態ですので、実質的には無借金と変わりがありません。「実質無借金」も無借金も同じ純資産ですが、**持っている資金額が異なる**のです。

「実質」無借金と無借金の違い

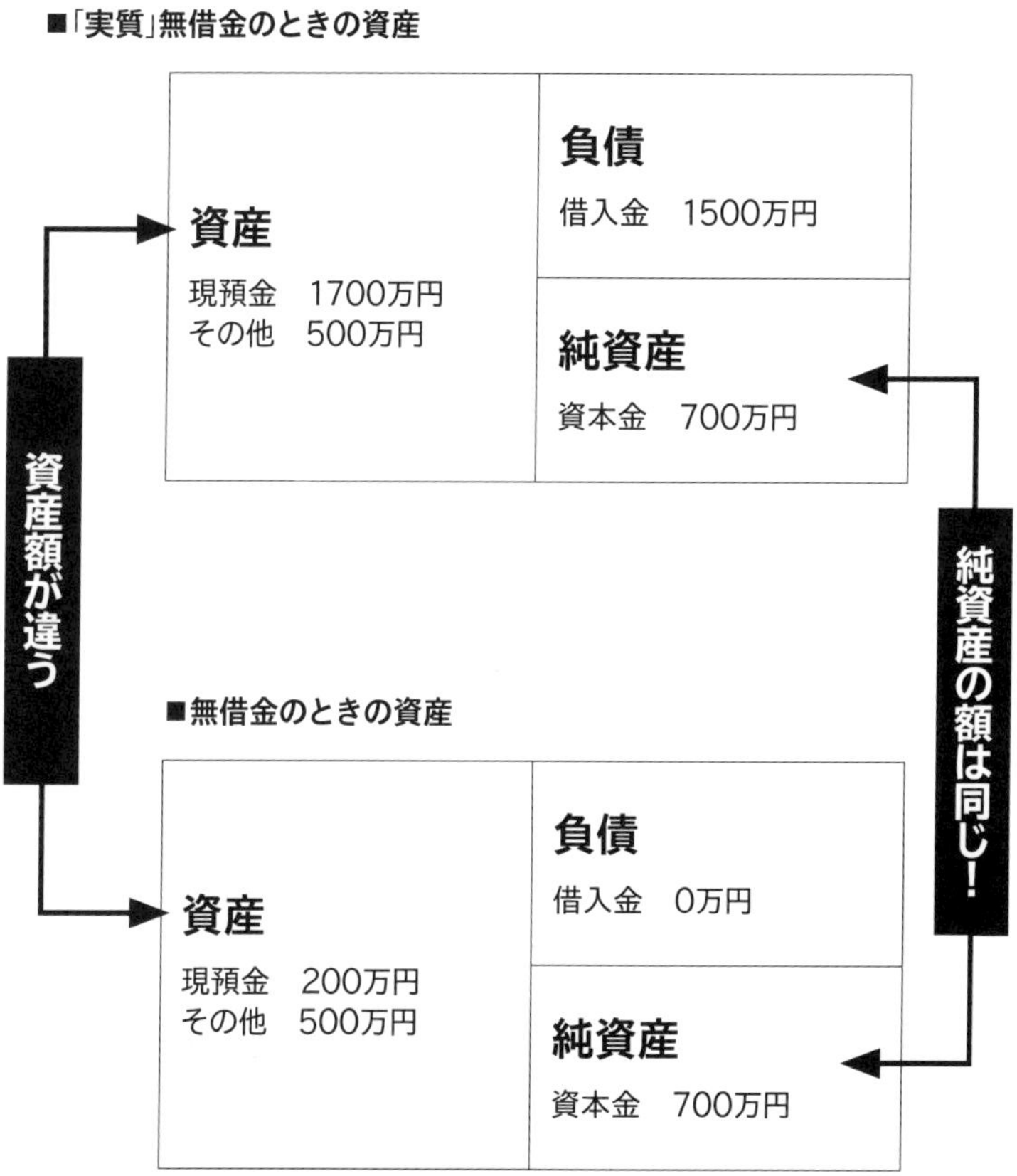

複数の銀行から借入して資金リスクを分散する

一言に借入といっても、金融機関はたくさんあるので、どこから借りるのがよいかがわからないという人もいるでしょう。金融機関は大きくわけて4タイプあります。

審査はメガバンクが一番厳しい

①メガバンク

三菱UFJ銀行、みずほ銀行、三井住友銀行を指します。大企業メインですが、中小企業への融資も手掛けています。

②地方銀行

メガバンクを除いた「銀行」と名のつく銀行になります。銀行によって規模の差がありますが、中小企業への融資をメインとしている銀行が多いです。

③信用金庫

いわゆる「しんきん」で、地域に根づいた金融機関です。メインの融資先は地元の中小企業となり、営業できる範囲が決まっていることが多いので注意が必要です。

④政府系金融機関

日本政策金融公庫、商工中金等を指します。国策に沿った政策金融も行っているので、中小企業の融資には積極的です。

融資の審査の厳しさは、メガバンク＞地方銀行・信用金庫＞政府系金融機関というのが一般的です。また、地方銀行・信用金庫は保証協会付の融資になるケースが多いので、実質的な審査相手は保証協会ということになります。

借入先を複数にしてリスクを分散する

これらのなかからあなたの会社にあった融資先を選ぶのですが、1点注意があります。それは、「借入を1行だけに絞らない」ということです。借入が1行のみの場合、いい方は悪いですが、生殺与奪を銀行に握られかねません。

できれば、**複数行から借入をしておくのがよい**でしょう。そうすることで、主導権を銀行に握られるリスクを回避することができます。もし「融資を引き揚げます」といわれたとしても、ほかに借入先があればその分をカバーすることも可能になるのです。

事業計画書の出来は借入の生命線

借入をする際に求められる主な資料は、過去3年分の法人税申告書・決算書、事業計画書、会社概要の3点です。

設立して間もない会社の場合、法人税申告書や決算書はないので、事業計画書と会社概要だけが必要になります（代わりに、個人の確定申告書や源泉徴収票を求められることが多いです）。

そうしますと、会社の過去の業績はないので、未来に対して融資してもらうイメージになります。融資担当者の心配事は、融資したお金が戻ってくるか否かです。したがって、**融資をしたくなるような会社であることをアピールする**必要があります。

独自の事業計画書を作成する

それでは、優良な会社であることをアピールするために、何を書けばよいのでしょうか。

借入をする際に必要な資料

- **過去3年分の法人税申告書および決算書**
- **事業計画書**
- **会社概要**

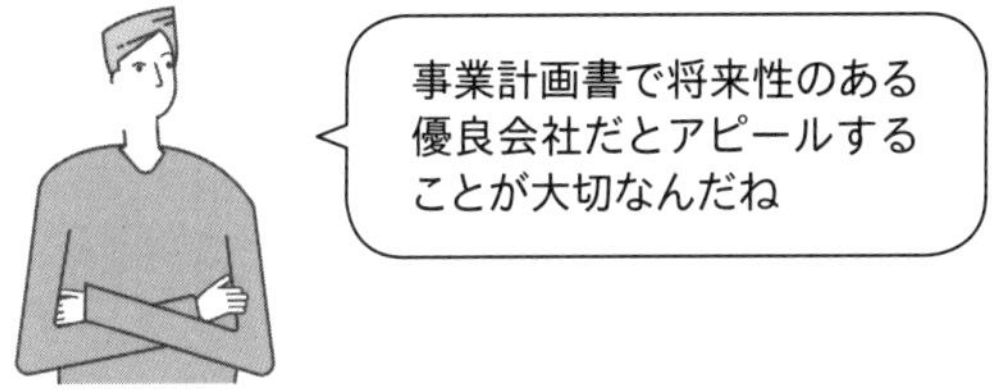
事業計画書で将来性のある優良会社だとアピールすることが大切なんだね

まずは、**代表者の経歴**です。今までの経験やスキルを生かせる事業であれば印象はよいですが、建設業を営んでいたのにもかかわらず、急に物販をします、というように、これまで従事していた業種と今後行う業種のギャップが大きい場合は警戒されてしまいます。経歴の詐称はできませんが、アピールできるような場合であれば、存分に書いておいたほうがよいでしょう。

そして、**何より大事なのは事業計画**です。これがよい出来でなければ意味がありません。銀行は未来に対して投資するわけですから、明るい未来を見せる必要があります。資金がなくカツカツで、今すぐ倒産してしまうようなストーリーよりも、資金はあまりなくても経営できるけど、念のため借りておきますというほうが印象はよいです。しかし、突拍子もない計画は融資担当者に見抜かれるので、数字の裏づけがある事業計画を立てていきましょう。

なお、事業計画書は銀行ごとにフォーマットを用意していることが多いのですが、自社で用意しても問題ありません。会社ごとにアピールする内容は違ってきますので、**既存のものではなく、自社にマッチした事業計画書を作成する**ようにしましょう。

節税は余裕が出てきてから考える

適度な節税は必要ですが、過度な節税は借入に影響を及ぼす可能性があります。

法人税は利益×税率で計算されます。したがって、節税とは法人税法上の課税所得を減らす行為を指します。仮に節税をしたことで法人税法上の課税所得がゼロになれば、税金もゼロで万々歳となります。

しかし、借入をする際にはどうでしょうか。融資担当者が申告書や決算書をチェックした際に利益がゼロの会社に融資すると思いますか？「利益はゼロだけどお金を貸してほしい」といわれたら、誰でも貸付を渋るかと思います。

法人税は利益が出ていなければ支払う必要はありません。しかし、利益が出ていないときというのは資金が必要なときなのです。法人税を支払う余力があるあいだに資金額を増やし、借入が必要ないほど資金に余裕ができたら大幅な節税を検討するのが無難でしょう。

資金繰り

金利と借入期間の交渉で有利な借入条件を設定する

借入をする際に重要なポイントは次の3点です。

①借入額

当り前ですが、これが一番重要です。必要な資金額を借りることができなければ事業に支障をきたしてしまいます。1000万円の設備投資が必要なのに500万円しか借りられなければ、投資計画が頓挫してしまいかねません。満額借りられるよう、綿密な事業計画を策定する必要があります。

②借入期間

借入ができたとしても、借入期間が短いと毎月の返済額が増えてしまうので注意が必要です。仮に耐用年数8年の資産を購入するのであれば、返済期間も8年といったように、回収スパンに合わせた借入期間を設定するのが望ましいです。

③金利

忘れてはいけないのが金利です。せっかく資金を借りられても金利が高ければ返済が苦しくなります。金利は低ければ低いほど自社にとって有利になるので、これも忘れずに考慮しておきたい項目です。

複数行との交渉で希望どおりの借入を実現させる

借入額を交渉するケースは多々あるかと思いますが、借入期間・金利についてはどうでしょうか。実は、これらも交渉することが可能なのです。

金融機関は、なるべく短い期間で資金を回収し、かつ、高い金利を取りたいわけですが、会社はその逆です。なるべく長い期間で資金を返済し、かつ、低い金利にしたいですよね。そうするとお互いに齟齬が生じるので、当然ここには交渉が必要になります。

このときに、複数行の金融機関を利用していればコンペのようにすることもできるので、有利になります。232ページでも述べましたが、このような交渉に備えるためにも、複数行との付き合いが重要になります。

希望額を借りられたからよいのではなく、希望額を借りて、かつ、**借入期間・金利も希望どおりにできるような交渉**をしていきたいものです。

6

もし
税務調査が
きたら

税務調査には税理士の立ち合いがおすすめ

税務調査と聞くと拒絶反応を示す社長をよく見かけます。早朝5時にインターホンが鳴り、令状を持った大勢の税務調査官がやってきて家宅捜査をし、大量の段ボールを持って帰る姿を想像する人も少なくはないでしょう。

実は、税務調査には、**強制調査**と**任意調査**の2つがあります。税務調査官が家までやってくる調査は強制調査であり、国税局査察部の調査官がやってきます。しかし、強制調査は悪質な納税者に対して行われるもので、一般の会社に入る調査は任意調査になります。

任意調査はいきなりやってこない

任意調査は強制調査と違い、**基本的に事前連絡があります**。連絡をしてくるのは申告書を提出している税務署（資本金1億円以上の場合は所轄国税局）であり、「○月○日に税務調査に行きたい」という旨を伝えてきます。

日程を税務署に合わせなければならないと思われるかもしれませんが、税務署はビジネスを邪魔する目的で来るわけではないので、**都合が合わなければ日程を変えてもらうことも可能**です。無理して税務署に合わせる必要はありませんが、半年も1年も先の日程というわけにはいきません。常識の範囲で延期をお願いしましょう。

なお、飲食店などの現金商売を営んでいる場合、事前連絡なしで調査官が来る可能性があります。ただし、現金を隠していないかなどを確認するためですので、現金の調査だけ行ってもらい、続きは後日にすることも可能です。

税理士立会いのもと税務調査を受ける

税務調査には税理士の立ち合いは必要ありません。ただ、税金のプロである税務職員相手に1人で対応するというのは、弁護士なしで法廷に立つようなものですので、できれば税理士に立ち合いをお願いするようにしましょう。

なお、顧問税理士がいて、税務代理権限証書を提出してくれている場合、税務署からの連絡は顧問税理士にいきます。したがって、会社に直接連絡がくることはありません。いきなり税務署から連絡があると不安になるでしょうから、できれば、**顧問税理士に税務代理権限証書を提出してもらえるようお願いしておきましょう。**

帳簿や議事録は年度ごとに用意する

税務調査ではいったい何期分を見られるのでしょうか。一般には、**直近の3期分**を見られることが多いです。最初に調査官から連絡があったときに、見る範囲を指定してくるので、その年度分の資料を用意しておく必要があります。

帳簿を読んで各期の特徴を把握する

それでは、どういった資料を用意すればよいのでしょうか。必ず用意する資料は次の2点になります。

①帳簿・規程

各期の申告書・決算書は調査官も持っていますが、会社でも準備しておきます。少し目を通しておいて、各期の特徴を把握しておきましょう。

帳簿については、**総勘定元帳**のほか、売掛金元帳などの補助簿もあれば年度ごとに準備しておきます。そして、**領収書**などもわかりやすいようにまとめておきましょう。一枚一枚紙に貼り付けておくのが理想ですが、最悪、月ごとにまとまっていればよいです。調査官に「この領収書を出してください」といわれたときにすぐに出せれば問題ありません。

なお、インターネットで購入したものなどは領収書がないケースもあるので、その場合は、**購入の事実がわかるホームページ等を印刷して保存する**ようにしてください。この場合、電子帳簿保存法の適用を受けます。詳しくは100ページを参照してください。

また、出張旅費規程や社宅規程がある場合は、これらの**規程類**もまとめておきましょう。

②議事録

株主総会議事録、取締役会議事録など、会社が重要な決定をした際の議事録も年度ごとに準備しておきます。

特に役員給与については、株主総会での決議が必要となります。会社を設立してはじめて役員給与を決定するときや、役員給与の金額を変更しようとするときは「議事録」として残しておかないと、税務調査の際にトラブルになりかねません。また、売上や仕入の計上タイミングを知るために、契約書を確認される可能性がありますので、**得意先や仕入先との契約書**があれば用意しておくとよいでしょう。

事前シミュレーションで税務調査を乗り切る

税務調査では税理士の立ち合いが認められています。物事の裏表を知り抜いている調査官相手に、税理士なしで対応するのはあまりおすすめできません。やはり、税務のプロである税理士も同席できるようにしておきたいものです。

顧問税理士がいれば顧問税理士に頼めばよいですが、いない場合は、近くの税理士会に連絡をすれば、**税務調査に強い税理士を斡旋してもらう**こともできます。インターネットで探すよりも確実でしょうから、顧問税理士がいない場合は検討してみてください。

会社の事業内容を定型化する

ただ税務調査が来るのを待っているだけだと、突然聞かれたことにアタフタしてしまい、不信感を抱かれる可能性があります。

そこでおすすめなのが、事前のシミュレーションです。税務調査でよく聞かれる事項について、税理士と予習しておきましょう。

なお、一般には次のようなことが聞かれます。

・会社の沿革・事業内容

最初に聞かれる内容になります。会社案内などがあればそれを元に説明すればよいでしょう。ない場合は、ある程度定型化したものを作成しておきましょう。

・会計業務のやり方

税理士に記帳代行をしてもらっている場合はあまり関係ないですが、自社で経理をしている場合は要注意です。不手際があるのではないかといろいろな角度から質問される可能性があるので、しっかり回答できるようにしてください。

・多額の収益・費用

金額が大きいものはチェックされる可能性が高いです。特に**多額の費用については、資料を作成する**などして対応するようにしてください。

・非経常的な収益・損失

非経常的な収益・損失などがあったら、発生した理由を説明できるようにしておきましょう。

納税に納得できない場合は最後は裁判で争う

残念ながら、税務調査で追加の税額が出た場合、次のようなペナルティが科せられます。

・無申告加算税
・過少申告加算税
・不納付加算税
・重加算税
・延滞税

※地方税にも同様のペナルティがあります。

そして、これらの**ペナルティについては、支払っても経費にできない**というデメリットがあります。お金を払ったのに経費にならないとは、正に踏んだり蹴ったりです。ペナルティが発生しないようにしたいですね。

納得できなくても納税は義務

調査官の指摘には納得できるものもあれば納得できないものもあります。納得できるものであればおとなしく納税できると思いますが、納得できないものはどうでしょう。払いたくないのが人情だと思いますが、納得できなくても納税はしなければなりません。

なぜなら、「納得できない」といい、支払いの義務から逃れられるのであれば、みんな「納得できない」といいますよね。それでは徴税できなくなってしまいます。そのため、本当に納得できなくてもとりあえず納税して、あとは国税不服審判所に申立てをし、それでも納得できなければ裁判で争うという図式になっているのです。

悪意ある行為は必ず取り締まられる

真面目に納税していれば、税務調査は怖いものではありません。少なくとも、重加算税を取られるようなことはないと思います。

記帳誤りは誰にでもあることなのでこれはいたしかたありません。しかし、悪意を持って所得を圧縮しようとする行為は厳しく取り締まられるので、絶対にしないようにしてください。悪事は千里を通り、どこかで明るみに出るものですから。

■著者紹介
冨田健太郎（とみた・けんたろう）
税理士。上場企業の経理部、大手専門学校の講師、会計事務所を経験して独立開業。開業後は、オーナー企業や個人事業者の税務・会計、コンサルティング等をしながら、相続業務にも注力している。東京税理士会上野支部税務支援対策部委員、相続税相談委員。共著に『小さな会社が本当に使える節税の本』『小さな会社の決算書 読み方 使い方がわかる本』（自由国民社）、『1時間でわかる 失敗しない！会社のつくり方』（技術評論社）など。
事務所HP：https://zeirishiken.com/

葛西安寿（かさい・やすひさ）
税理士。青森、宮城、東京の3つの税理士事務所および税理士法人に12年にわたり勤務。零細企業から上場企業までの法人税申告を行うとともに、医療法人の申告や相続税等の資産税業務まで幅広く業務をこなす。独立後は、いち早くクラウド会計を取り入れ業務を拡大するとともに、もうひとつの柱として相続税業務に注力している。その他、医療法人の監事、既存税理士のいる会社とのセカンドオピニオン契約、保険外交員向けセミナー、執筆等、多岐にわたり活動している。著書に『要点をギュッ！はじめての簿記図鑑』『イラスト図解 経理の超基本』（池田書店）、共著に『小さな会社が本当に使える節税の本』（自由国民社）など。

■執筆協力
戸田 愛（とだ・あい）
2014年税理士登録。立教大学法学部卒業。鉄鋼メーカー本社の総務人事部にて、管理部門の業務を一通り経験した後、税理士法人トーマツおよび医業専門税理士法人を経て、2016年池袋にて独立開業。個人および法人の会計税務や相談業務を中心としながら、相続案件にも注力している。

【新版】会社設立3年目までの税金の本

発行　2024年12月9日　初版第1刷発行

著　者　冨田健太郎　葛西安寿
発行者　石井 悟
発行所　株式会社自由国民社
〒171-0033　東京都豊島区高田3-10-11
TEL 03(6233)0781(営業部)
TEL 03(6233)0786(編集部)
印刷所　横山印刷株式会社
製本所　新風製本株式会社

編集協力・本文DTP　株式会社ループスプロダクション、西山陽子
カバーデザイン　吉村朋子
